かわいい
クロスステッチ
BOOK

大図まこと 著
Makoto Oozu

PHP

目次

04 おもちゃ屋さん 1
（図案：Page 34-36）

05 おもちゃ屋さん 2
（図案：Page 37-39）

06 セレクトショップメンズ
（図案：Page 40-42）

07 セレクトショップレディース
（図案：Page 43-45）

08 スニーカーショップ
（図案：Page 46-47）

09 シューズショップ
（図案：Page 48-49）

10 スポーツ用品店 春・夏
（図案：Page 50-51）

11 スポーツ用品店 冬
（図案：Page 52-53）

12 バーバー 1
（図案：Page 54-56）

13 バーバー 2
（図案：Page 57-59）

14 ペットショップ 犬
（図案：Page 60-62）

15 ペットショップ 猫
（図案：Page 63-65）

16 ペットショップ バラエティ
（図案：Page 66-67）

17 魚屋さん
（図案：Page 68-69）

18 カフェ＆レストラン
（図案：Page 70-71）

19 ケーキ屋さん （図案：Page 72-73）	**20** 八百屋さん （図案：Page 74-76）	**21** 電気屋さん （図案：Page 77-78）
22 手芸屋さん （図案：Page 79-81）	**23** 工具屋さん （図案：Page 82-83）	**24** ドラッグストア （図案：Page 84-86）
25 アルファベット （図案：Page 87）	**26** ひらがな 2 （図案：Page 90-91）	**27** ひらがな 1 （図案：Page 88-89）
28 カタカナ 2 （図案：Page 94-95）	**29** カタカナ 1 （図案：Page 92-93）	

30 クロスステッチの基礎知識　　**33** 図案のページ

＊印刷物のため、作品の色などが実際と多少異なる場合があります。ご了承ください。

04　おもちゃ屋さん 1 / Toy Shop 1
（図案：Page 34-36）

おもちゃ屋さん 2 / Toy Shop 2

(図案：Page 37-39)

05

セレクトショップ メンズ / Men's Fashion
(図案：Page 40-42)

セレクトショップ レディース / Lady's Fashion

（図案：Page 43-45）

07

スニーカーショップ / Sneaker Shop
（図案：Page 46-47）

シューズショップ / Shoes Shop
(図案：Page 48-49)

09

10 スポーツ用品店 春・夏 / Sports Shop, Spring & Summer
(図案：Page 50-51)

スポーツ用品店 冬 / Sports Shop, Winter
(図案：Page 52-53)

11

バーバー 1 / Barber 1
(図案：Page 54-56)

バーバー 2 / Barber 2
（図案：Page 57-59）

ペットショップ 犬 / Pet Shop, Dogs
(図案：Page 60-62)

ペットショップ 猫 / Pet Shop, Cats
(図案：Page 63-65)

16　ペットショップ バラエティ / Pet Shop, Variety
（図案：Page 66-67）

魚屋さん / Fish Market
(図案：Page 68-69)

カフェ＆レストラン / Cafe & Restaurant
（図案：Page 70-71）

ケーキ屋さん / Cake Shop
(図案：Page 72-73)

19

20　八百屋さん / Fruit & Vegetable Shop
（図案：Page 74-76）

電気屋さん / Electric Appliance Shop
（図案：Page 77-78）

22 手芸屋さん / Handicraft Shop
(図案：Page 79-81)

工具屋さん / Tool Shop

23

(図案：Page 82-83)

24 ドラッグストア / Drugstore
（図案：Page 84-86）

アルファベット / Alphabet

(図案：Page 87)

ひらがな 2 / Hiragana 2
(図案：Page 90-91)

ひらがな 1 / Hiragana 1
(図案：Page 88-89)

カタカナ 2 / Katakana 2
（図案：Page 94-95）

カタカナ 1 / Katakana 1

クロスステッチの基礎知識

□ **基本の道具**

刺しゅう糸：刺しゅうでもっとも一般的に使われるのが25番刺しゅう糸です。それぞれ固有の色番号があります。6本の細い糸をより合わせて1本にしてあり、この中から指定の本数（2本取りなら2本）を引き抜き、揃えて使います。使う糸の本数によって仕上がりのイメージが変わってきます。

針：クロスステッチ専用に織られた布を使用する場合は、針先の丸いクロスステッチ専用の針を使います。織り目の読めない目の詰まった布に刺す場合は先のとがったフランス刺しゅう針を使いましょう。

布：布の目を数えて刺しゅうするクロスステッチの場合、クロスステッチ専用の布か、布目の数えやすいリネンなどを使うのが一般的です。目の大きな布はほつれやすいので、刺しはじめる前に周囲をかがってほつれ止めをしておきましょう。この本では14ctアイーダ（DMC社製）を使用しています。

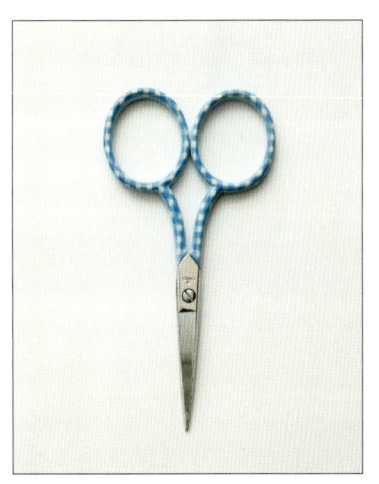

はさみ：裏糸の始末には、先の細い手芸用のはさみがあると便利です。

刺しゅう枠：薄い布や、柔らかい布に刺しゅうする場合に、布をぴんと張るために使います。

抜きキャンバス：布目の数えにくい、目の詰まった布に刺しゅうする際に使います。

□ **カウント数（ct）について**

カウントとは、1インチの長さにマス目が何目あるかを表すものです。数字が大きいほど1マスの大きさが小さくなります。カウント数の異なる布だと、同じ図案でも出来上がりのサイズが変わってくるので注意しましょう。

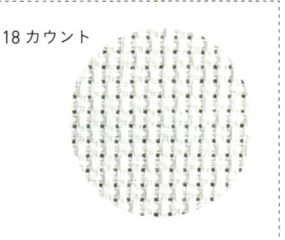

14カウント　　18カウント

□ クロスステッチの刺し方　糸の重なり方は全て揃うように刺します。

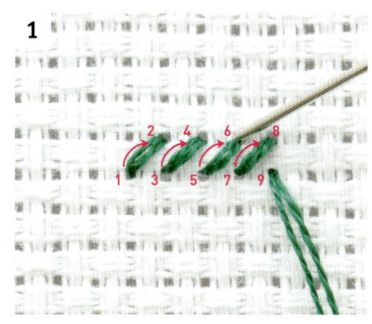

1
図案を見ながら1から針を出し2に入れ、3から針を出し4に入れ……というように刺していきます。布をすくわず、ひと針ずつ引き抜きながら刺すときれいに仕上がります。

2
端まで刺し進めたら、クロスするように折り返します。1から針を出して2に入れ、3から針を出して4に入れます。糸は強く引きすぎないようにしましょう。

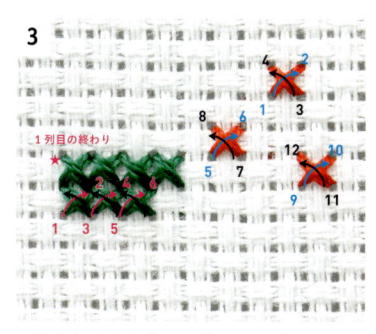

3
2列目を刺す場合は、続けて写真の順番で針を動かします。クロスをひとつずつ刺す場合も、糸の重なり方が全て揃うように刺すのが基本です。

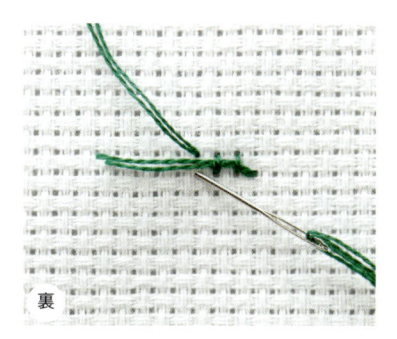

□ 刺しはじめ　1
刺しはじめは玉結びをせず、2〜3cm残しておきます。クロスステッチを刺しながら、裏に渡った糸で巻きくるんでいきます。

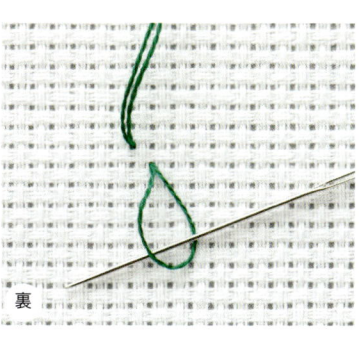

□ 刺しはじめ　2
2本取りなど偶数本の糸を使う場合には、半分の本数の糸をふたつ折りにして針に通し、糸の端を輪にします。1目刺したら、裏側で針を輪の中に通して止めます。

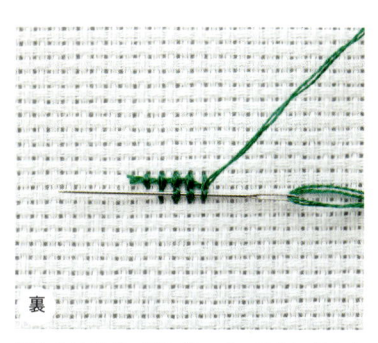

□ 刺し終わり
玉止めはせず、裏に渡っている糸に針をくぐらせて始末します。

□ 抜きキャンバスの使い方

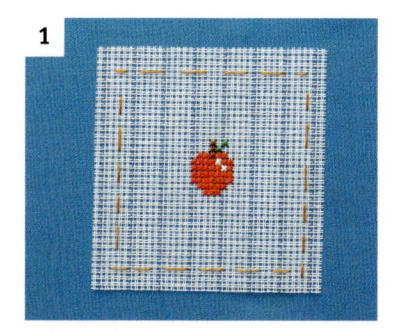

1
図案より少し大きめにカットし、しつけ糸で止めます。抜きキャンバスのマス目を目安に、クロスステッチを刺していきます。

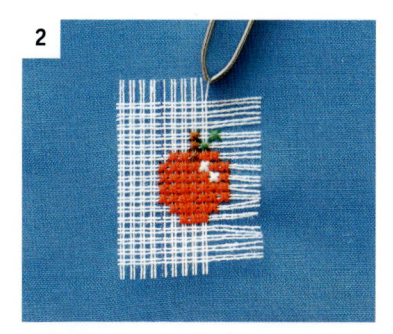

2
図案を刺し終わったら、しつけ糸をはずし、抜きキャンバスを端から1本ずつ抜いていきます（毛抜きがあると便利）。

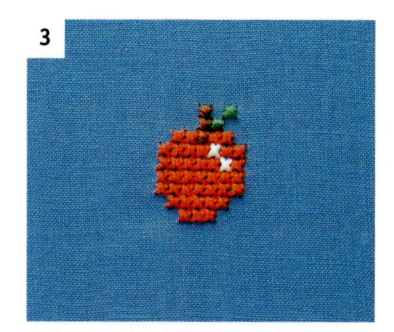

3
出来上がり。抜きキャンバスの厚みを考慮し、少しきつめに刺しゅうするときれいに出来ます。

□ バックステッチの縫い方

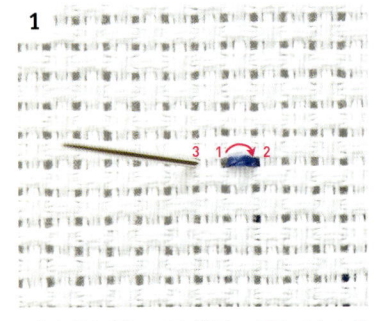

1 1から針を出し、ひと針戻って2に入れた針を3から出します。

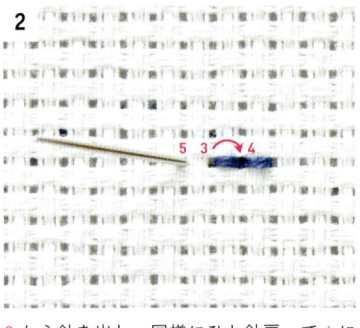

2 3から針を出し、同様にひと針戻って4に入れ、また5から出します。

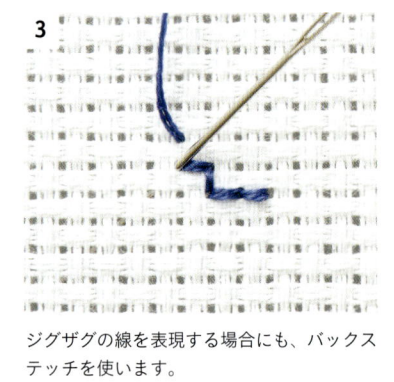

3 ジグザグの線を表現する場合にも、バックステッチを使います。

□ ストレートステッチの縫い方

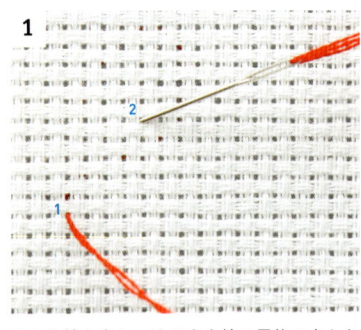

1 1から針を出し、そのまま線の最後の点となる2へ入れます。

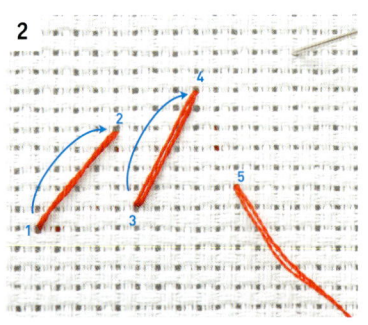

2 2目以降を刺す場合も、同様に3から4へ入れ、また5から出します。

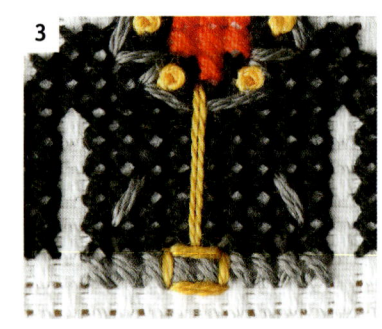

3 まっすぐの自由な線を表現する場合に、ストレートステッチを使います。

□ フレンチノットステッチの作り方

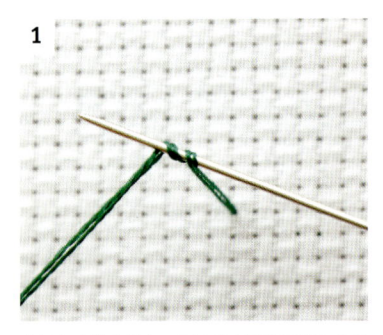

1 布目から針を出し、玉止めの要領で針に糸を2～3回巻きつけます。

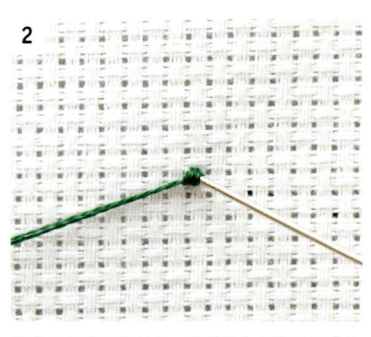

2 そのまま針を起こし、糸が出た位置より少し上へ垂直に針を入れ、ゆっくり針を裏側へ抜きます。

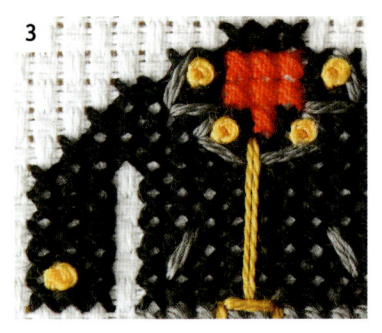

3 点を表現する場合にフレンチノットステッチを使います。

JUST STITCH IT!

図案のページ

作品ページ（P.4 〜 P.29）は、すべて原寸大で表示されています。
図案のページ（P.34 〜 P.95）は縮小・拡大がされています。

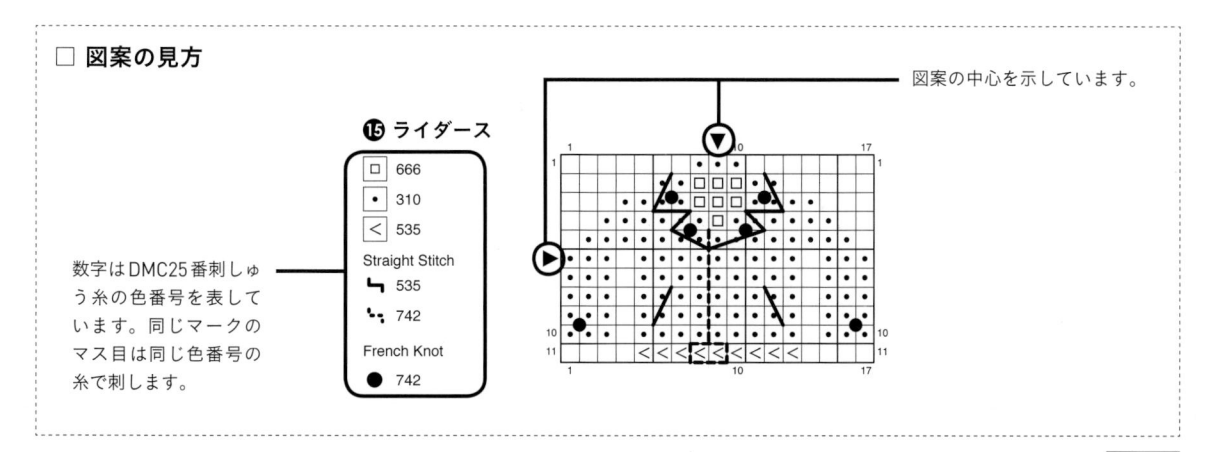

□ 図案の見方

❶ ライダース

マーク	色番号
□	666
•	310
<	535

Straight Stitch
- 535
- 742

French Knot
- ● 742

数字はDMC25番刺しゅう糸の色番号を表しています。同じマークのマス目は同じ色番号の糸で刺します。

図案の中心を示しています。

04 おもちゃ屋さん 1
Toy Shop 1

糸：DMC25番しゅう糸／2本取り
布：DMCアイーダ 14ct ／ Blanc（白）

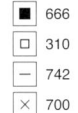

❶ ヒーローフィギュア A
- ■ 666
- □ 310
- − 742
- × 700

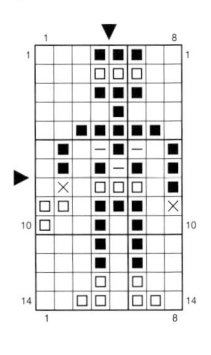

❷ ロボットフィギュア A
- ■ 666
- □ 310
- ○ 742
- × 700
- ● 798
- # 318
- ・ 552

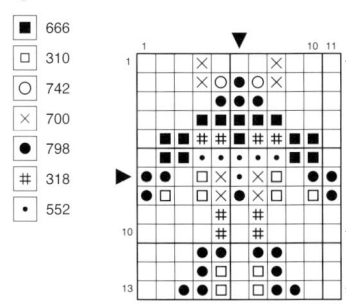

❸ ロボットフィギュア B
- □ 310
- ○ 318
- ■ 666
- ● 742
- ✻ 798

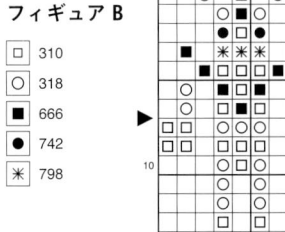

❹ ロボット
- ■ 666
- − 742
- × 310
- ✻ 798
- ○ 3033
- □ 958

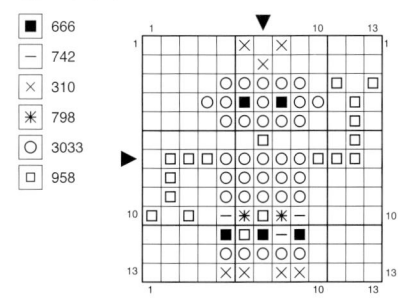

❺ ヒーローフィギュア B
- ■ 666
- □ 310
- ● 742
- × 700
- Ι 798
- # 318

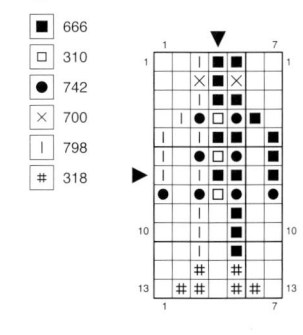

❻ トランプ・マーク
- ● 310
- □ 666

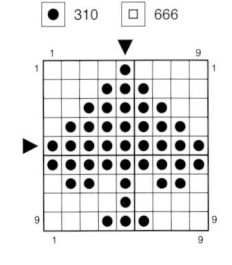

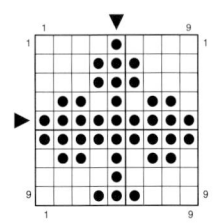

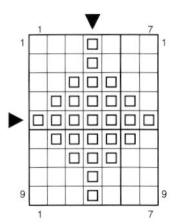

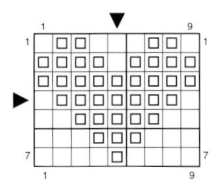

❼ 戦闘機
- ◆ 310
- ■ 666
- ○ 996
- □ 3033

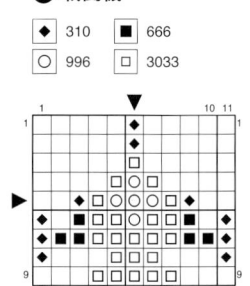

❽ トナカイダンス
- ■ 3852
- ✻ 300
- ○ 310
- ● 666

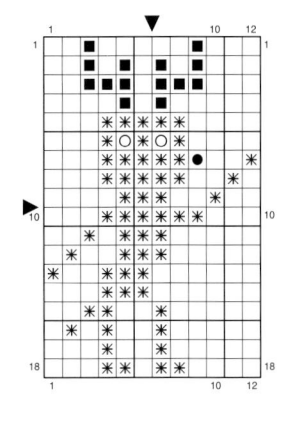

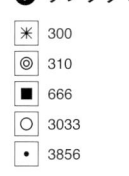

❾ サンタダンス
- ✻ 300
- ◎ 310
- ■ 666
- ○ 3033
- ・ 3856

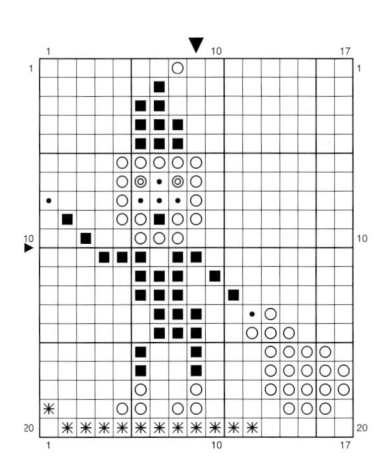

⑩ キラキラ
- ■ 742

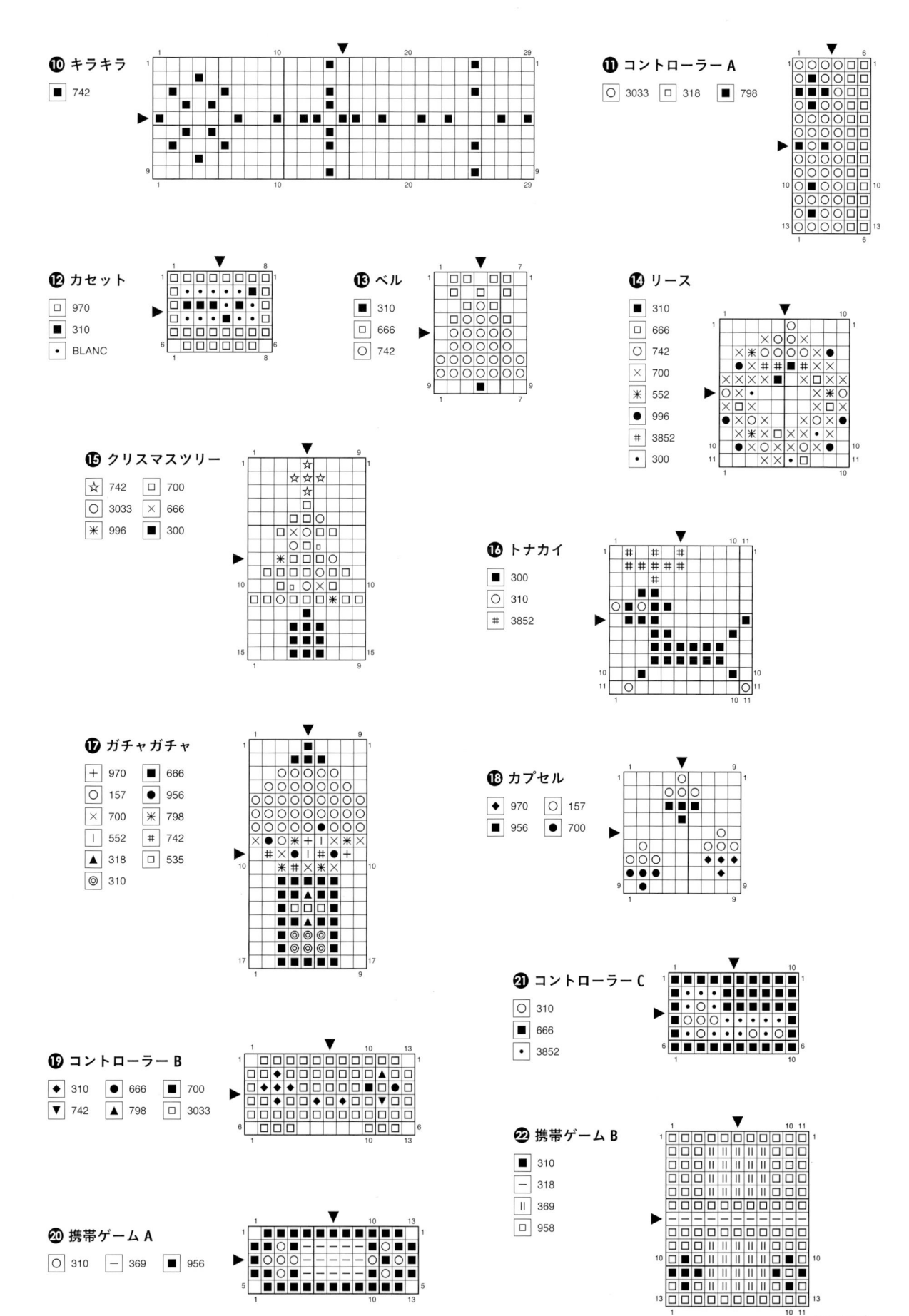

⑪ コントローラー A
- ○ 3033
- □ 318
- ■ 798

⑫ カセット
- □ 970
- ■ 310
- ・ BLANC

⑬ ベル
- ■ 310
- □ 666
- ○ 742

⑭ リース
- ■ 310
- □ 666
- ○ 742
- × 700
- ✳ 552
- ● 996
- # 3852
- ・ 300

⑮ クリスマスツリー
- ☆ 742
- □ 700
- ○ 3033
- × 666
- ✳ 996
- ■ 300

⑯ トナカイ
- ■ 300
- ○ 310
- # 3852

⑰ ガチャガチャ
- ＋ 970
- ■ 666
- ○ 157
- ● 956
- × 700
- ✳ 798
- ｜ 552
- # 742
- ▲ 318
- □ 535
- ◎ 310

⑱ カプセル
- ◆ 970
- ○ 157
- ■ 956
- ● 700

⑲ コントローラー B
- ◆ 310
- ● 666
- ■ 700
- ▼ 742
- ▲ 798
- □ 3033

⑳ 携帯ゲーム A
- ○ 310
- － 369
- ■ 956

㉑ コントローラー C
- ○ 310
- ■ 666
- ・ 3852

㉒ 携帯ゲーム B
- ■ 310
- － 318
- ‖ 369
- □ 958

㉓ コントローラー D
- ● 970
- ◎ 798
- ■ 310
- □ 318
- × 666
- # 742

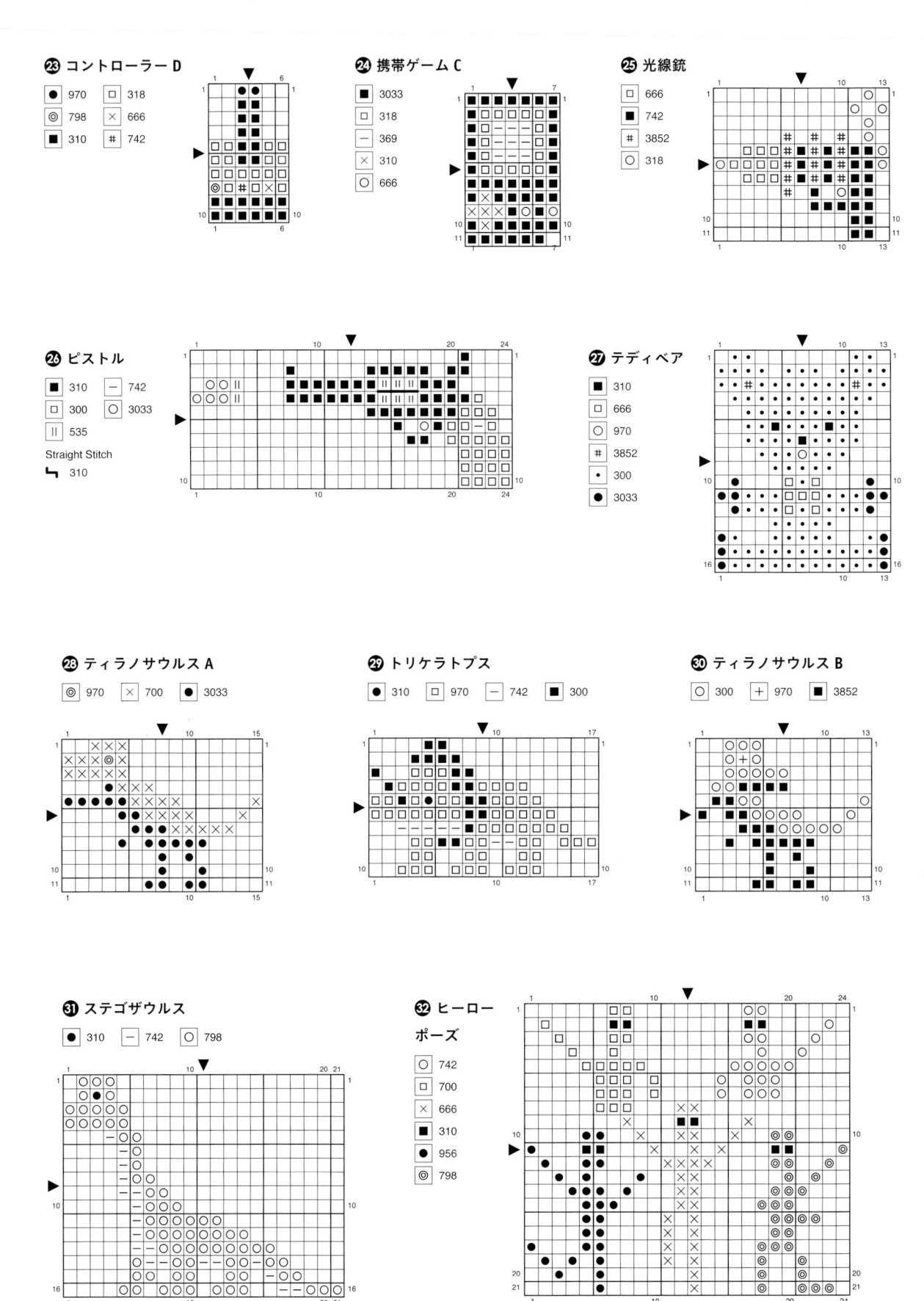

㉔ 携帯ゲーム C
- ■ 3033
- □ 318
- — 369
- × 310
- ○ 666

㉕ 光線銃
- □ 666
- ■ 742
- # 3852
- ○ 318

㉖ ピストル
- ■ 310
- — 742
- □ 300
- ○ 3033
- ‖ 535
- Straight Stitch
- ↳ 310

㉗ テディベア
- ■ 310
- □ 666
- ○ 970
- # 3852
- · 300
- ● 3033

㉘ ティラノサウルス A
- ◎ 970
- × 700
- ● 3033

㉙ トリケラトプス
- ● 310
- □ 970
- — 742
- ■ 300

㉚ ティラノサウルス B
- ○ 300
- + 970
- ■ 3852

㉛ ステゴザウルス
- ● 310
- — 742
- ○ 798

㉜ ヒーローポーズ
- ○ 742
- □ 700
- × 666
- ■ 310
- ● 956
- ◎ 798

05 おもちゃ屋さん 2
Toy Shop 2

糸：DMC25番刺しゅう糸／2本取り
布：DMC アイーダ 14ct ／ Blanc（白）

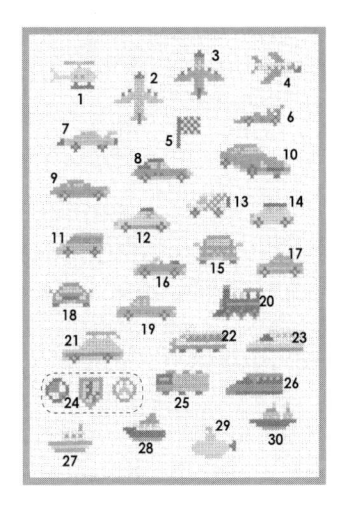

❶ ヘリコプター
- ■ 310
- □ 700
- — 318
- ○ 742
- ✳ 157
- ◎ 666

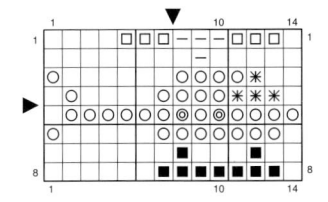

❷ ひこうき A
- ✳ 157
- ■ 310
- ○ 318

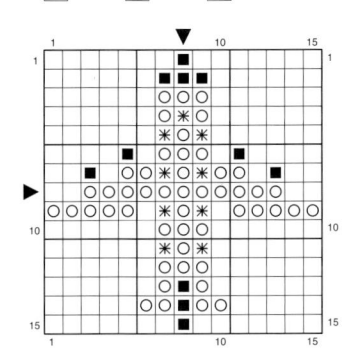

❸ ひこうき B
- ● 157
- ▲ 310
- | 666
- □ 700

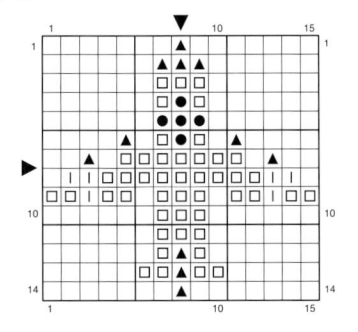

❹ ひこうき C
- ■ 310
- ● 535
- □ 3033
- ○ 798

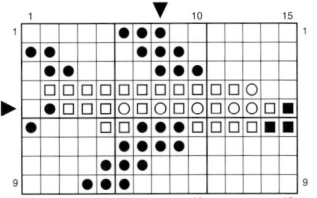

❺ フラッグ
- □ 3033
- ■ 310

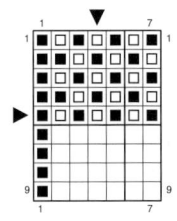

❻ F1 カー
- ○ 798
- □ 666
- × 300
- ● 310
- ✳ 318

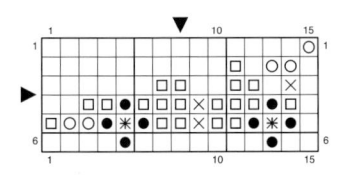

❼ スーパーカー
- ■ 310
- □ 318
- × 535
- ● 996

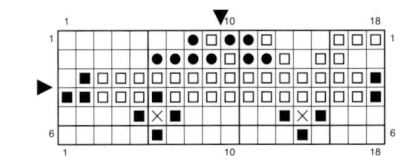

❽ 車 A
- ■ 310
- □ 157
- ○ 798
- × 742
- ✳ 318

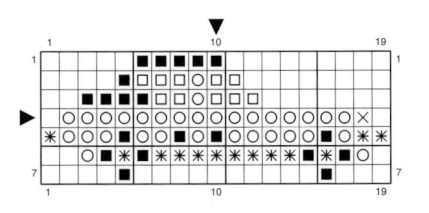

❾ 車 B
- ○ 157
- ■ 310
- □ 318
- · 498
- ✳ 666
- ◎ 742

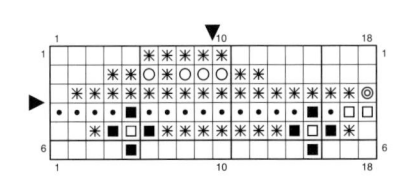

37

❿ 車 C

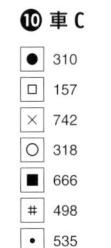

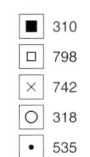

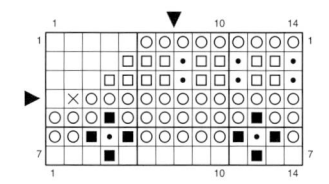

●	310
□	157
×	742
○	318
■	666
#	498
·	535

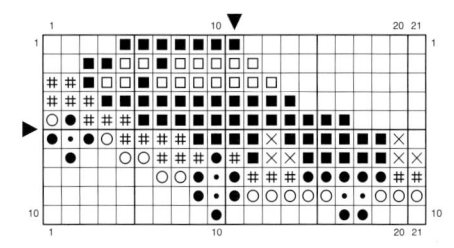

⓫ ワゴン

■	310
□	798
×	742
○	318
·	535

⓬ 車 D

●	970	■	310	□	157
×	742	✳	318	·	535

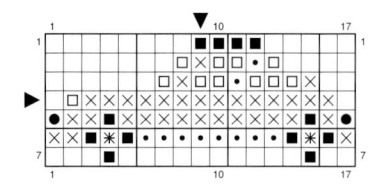

⓭ 4WD

✳	798	□	666	×	310
#	742	■	3033	○	996
·	535				

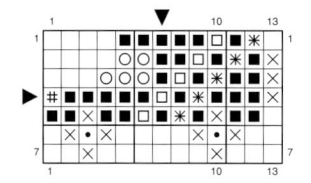

⓮ ミニ

□	157	●	310	✳	318
■	666	○	742	◎	970

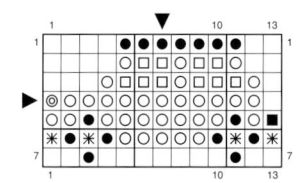

⓯ 車 E

□	157	■	310	✳	318
·	535	●	666	○	742

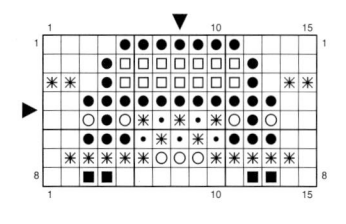

⓰ オープンカー

□	666	○	300	●	310
✳	318	|	157	#	742

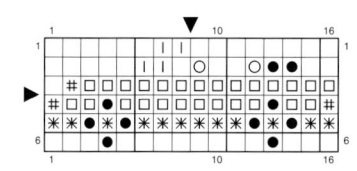

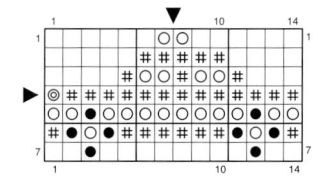

⓱ タクシー

●	310	○	318	
#	700	◎	742	

⓲ 車 F

■	310	□	157	○	798
×	742	◎	318	·	535

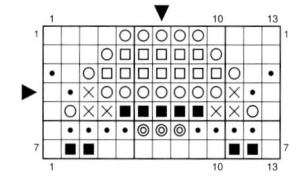

⓳ ピックアップ・トラック

■	970	●	310	□	157
×	742	✳	318	○	700

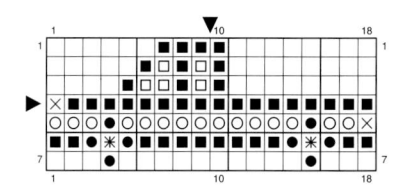

⓴ 汽車

○	666	□	310	
×	742	■	535	

38

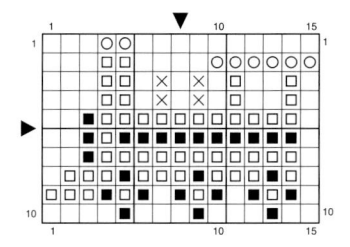

㉑ ステーション・ワゴン

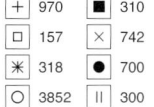

+	970	■	310
□	157	×	742
✳	318	●	700
○	3852	‖	300

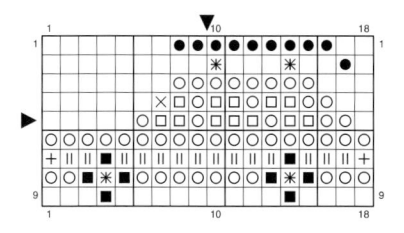

㉒ 新幹線 A

□	310
−	742
×	798
◢	970
○	996
■	3033

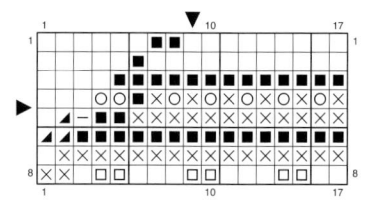

㉓ 新幹線 B

×	3033	□	310	●	996
○	742	■	798		

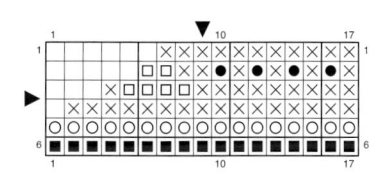

㉔ エンブレム

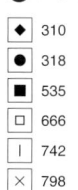

◆	310
●	318
■	535
□	666
‖	742
×	798
·	BLANC

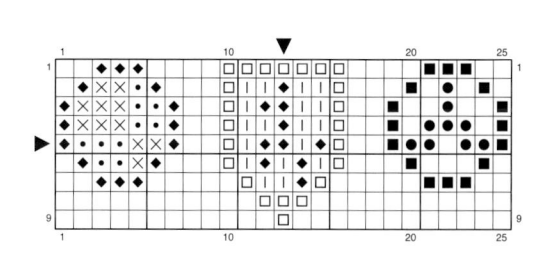

㉕ 電車

■	310	#	318	○	535
·	700	●	906	□	996

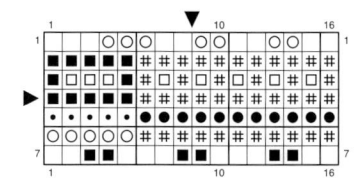

㉖ 新幹線 C

□	310	■	798	○	996

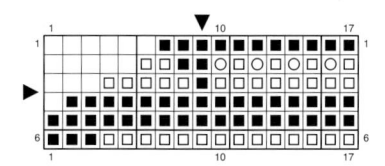

㉗ 船 A

−	742	‖	535	□	3033
○	798	■	666		

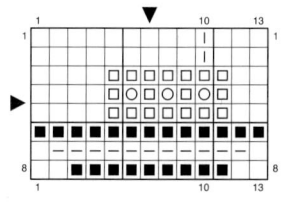

㉘ 船 B

○	798	□	666	·	3033
×	996	✳	310		

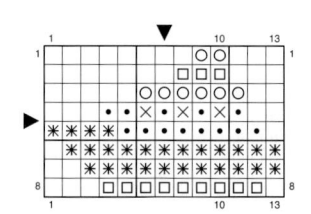

㉙ 潜水艦

✳	157	×	310
□	318	●	742
□	3852		

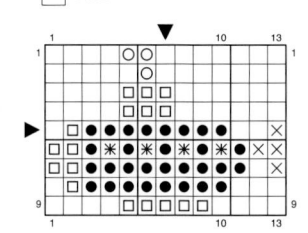

㉚ 船 C

‖	157	■	310
#	318	□	666
○	798		

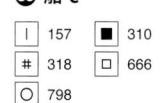

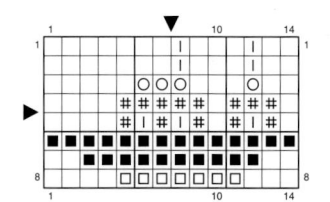

06 セレクトショップ メンズ
Men's Fashion

糸：DMC25番刺しゅう糸／2本取り
布：DMC アイーダ 14ct ／ Blanc（白）

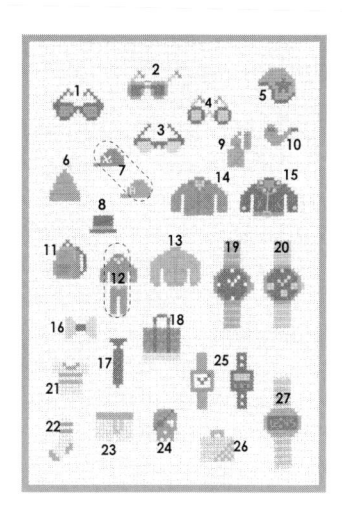

❶ サングラス A
- ■ 310
- □ 535

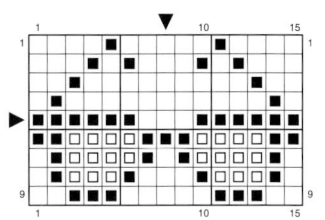

❷ サングラス B
- ○ 310
- □ 300
- × 318
- ■ 780

Straight Stitch
↳ 780

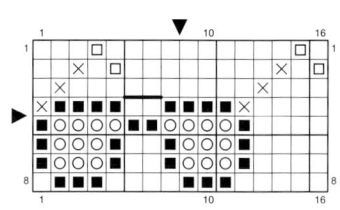

❸ サングラス C
- ■ 310
- ○ 742

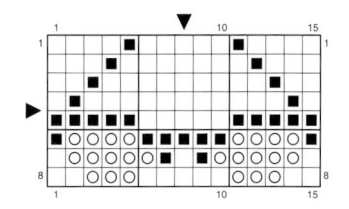

❹ メガネ
- ■ 310
- ◆ 300
- × 318
- ○ 157

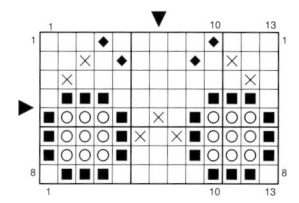

❺ ヘルメット
- ■ 310
- ・ 414

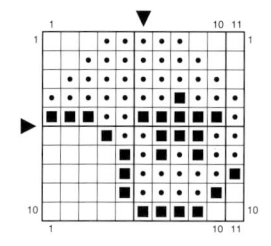

❻ ニットキャップ
- ○ 3033
- × 666
- ✳ 700

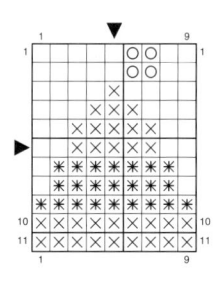

❼ キャップ
- ○ 606
- ・ 803

Straight Stitch
↳ BLANC

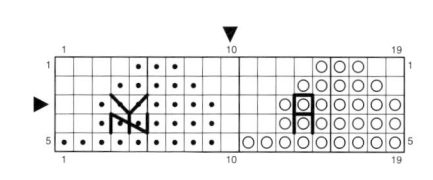

❽ ハット
- ■ 310
- | 414

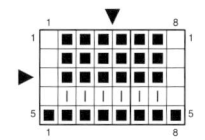

❾ ライター
- ○ 414
- ■ 535
- V 666
- ▲ 798

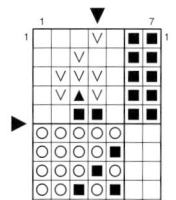

❿ パイプ
- ○ 780
- ■ 310

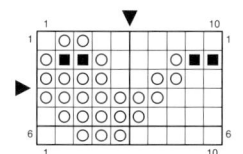

⓫ リュック
- □ 310
- ○ 666
- ● 414
- # 498
- ・ 300
- ◆ 803

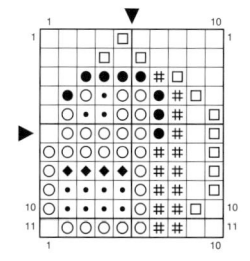

⓬ ジーンズとジージャン

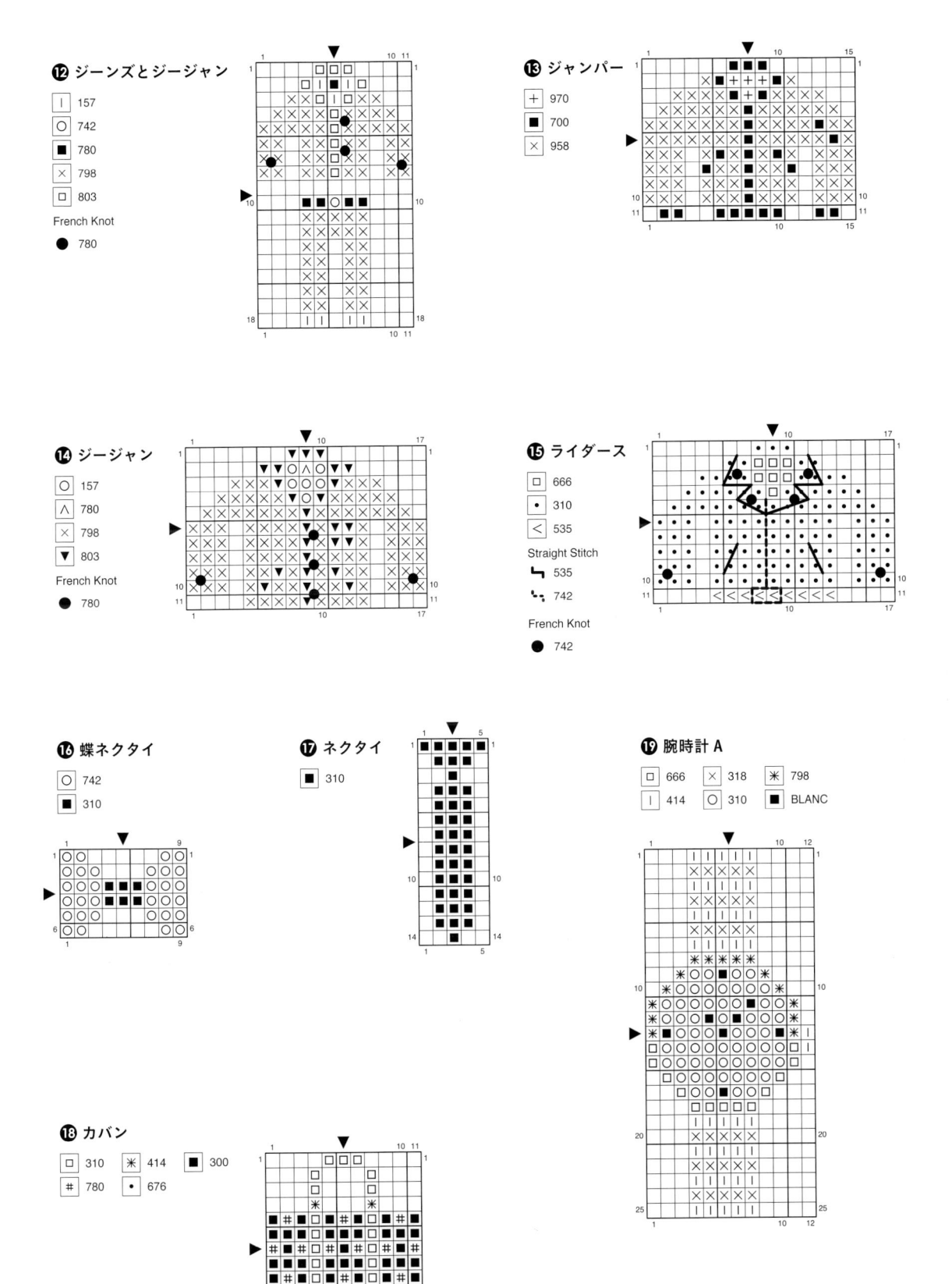

│	157
○	742
■	780
×	798
□	803

French Knot
● 780

⓭ ジャンパー

＋	970
■	700
×	958

⓮ ジージャン

○	157
∧	780
×	798
▼	803

French Knot
● 780

⓯ ライダース

□	666
•	310
<	535

Straight Stitch
┗ 535
┉ 742

French Knot
● 742

⓰ 蝶ネクタイ

○	742
■	310

⓱ ネクタイ

| ■ | 310 |

⓲ カバン

□	310	＊	414	■	300
＃	780	•	676		

⓳ 腕時計 A

□	666	×	318	＊	798
│	414	○	310	■	BLANC

41

⑳ 腕時計 B

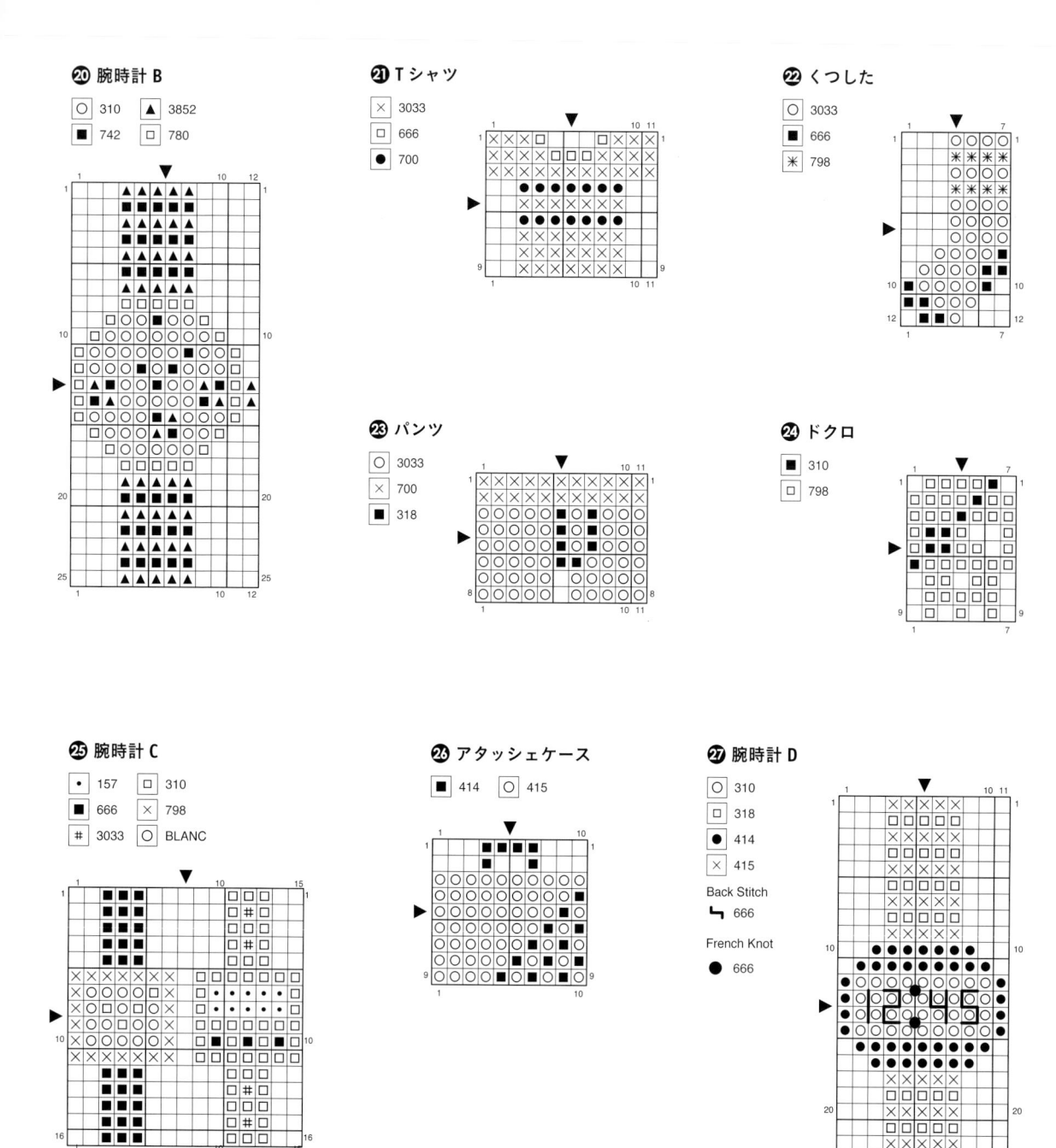

- ○ 310
- ▲ 3852
- ■ 742
- □ 780

㉑ Tシャツ

- × 3033
- □ 666
- ● 700

㉒ くつした

- ○ 3033
- ■ 666
- ✳ 798

㉓ パンツ

- ○ 3033
- × 700
- ■ 318

㉔ ドクロ

- ■ 310
- □ 798

㉕ 腕時計 C

- • 157
- □ 310
- ■ 666
- × 798
- # 3033
- ○ BLANC

㉖ アタッシェケース

- ■ 414
- ○ 415

㉗ 腕時計 D

- ○ 310
- □ 318
- ● 414
- × 415

Back Stitch
- ↳ 666

French Knot
- ● 666

07 セレクトショップ レディース
Lady's Fashion

糸：DMC25番刺しゅう糸／2本取り
布：DMCアイーダ14ct／Blanc（白）

❶ メンズドクロ
- ■ 310
- □ 666
- ○ 3033

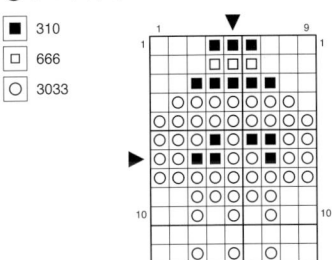

❷ レディースドクロ
- ■ 310
- □ 666
- × 957

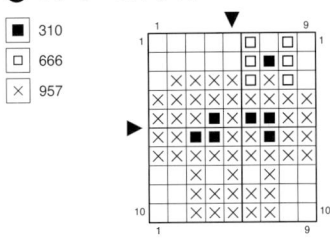

❸ リボン
- ● 666
- × 957

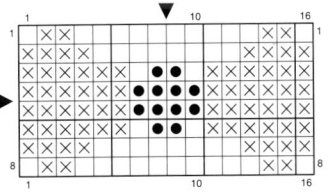

❹ 毛皮のコート
- ■ 300
- ● 310
- ・ 318
- + 676
- × 780
- ○ 3033

Straight Stitch
- ↳ 310

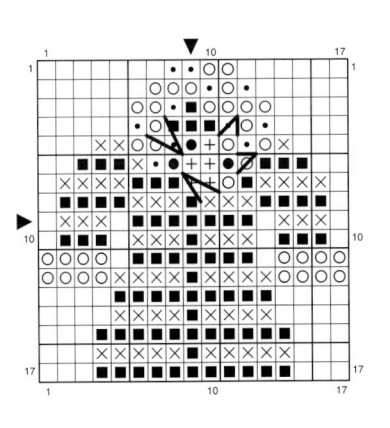

❺ 高級バッグ A
- ○ 970
- ■ 780
- | 3852
- ● 742

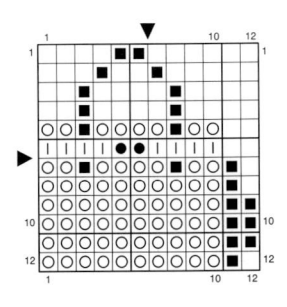

❻ 高級バッグ B
- ● 535
- ■ 676
- | 318
- # 300

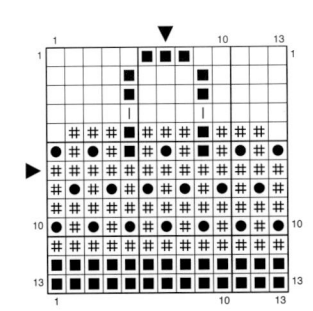

❼ 高級バッグ C
- □ 666
- ○ 3033
- ▲ 957
- ■ 676
- ● 318
- ◁ 700
- || 798

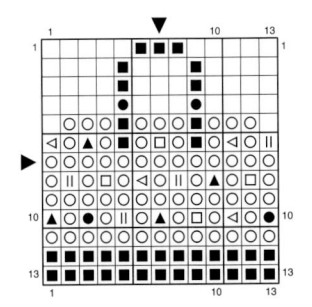

❽ 高級バッグ D
- ○ 742
- □ 3852
- ■ 535
- × 310

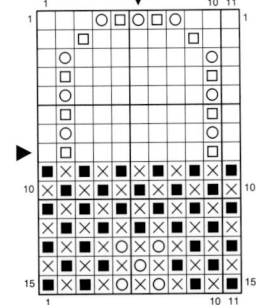

❾ ハート
- ● 666

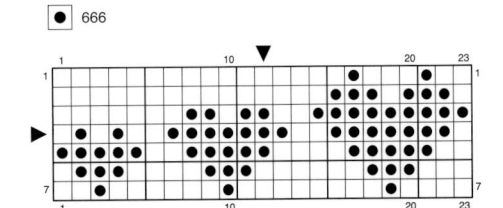

43

❿ ハートドクロ

× 310　✳ 957　● BLANC

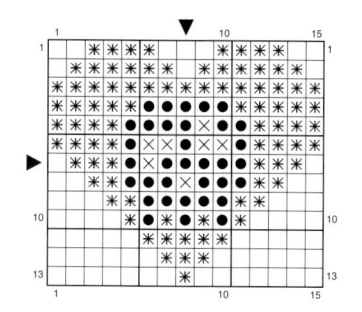

⓫ I ♥ SHOPPING

● 310　■ 666

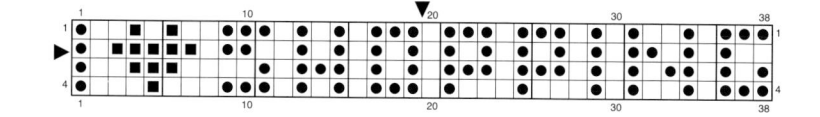

⓬ サングラス A

■ 310
□ 666

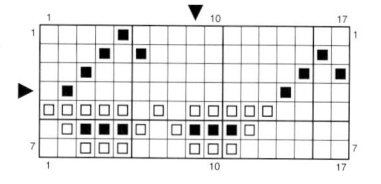

⓭ サングラス B

● 3852
□ 780

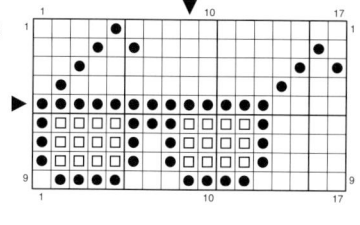

⓮ サングラス C

× 535
■ 310

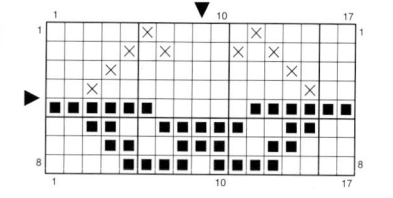

⓯ ランジェリー

■ 310
● 318
○ 552
Straight Stitch
↳ 318

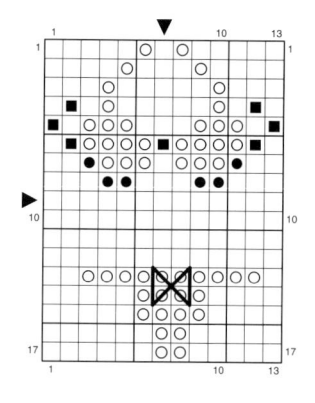

⓰ 腕時計 A

· 310
■ 318
— 535
666
‖ 700
▲ 742
○ 798
✳ 957
+ 970
□ BLANC

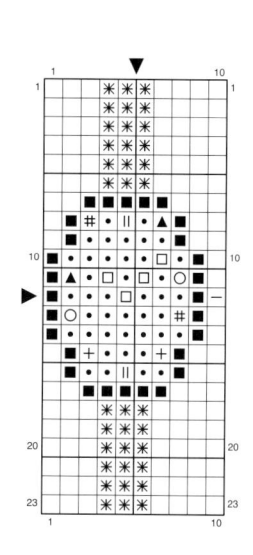

⓱ キラキラ

■ 742

44

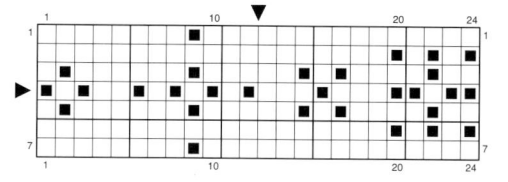

⑱ 指輪 A
- □ 3852
- ○ 666
- ■ 318

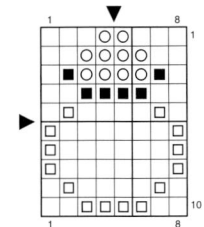

⑲ 指輪 B
- □ 3852
- ■ 798
- ∥ 157

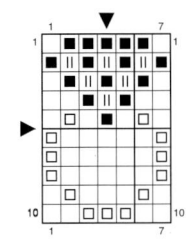

⑳ くちびる
- ● 666

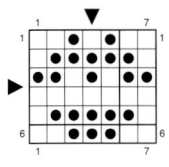

㉑ マニキュア
- □ 742
- ■ 318
- • 157
- ◎ 957

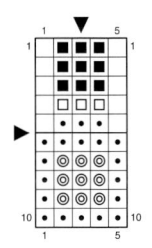

㉒ 腕時計 B
- ■ 3852
- • 310
- × 780

Straight Stitch
↳ 318

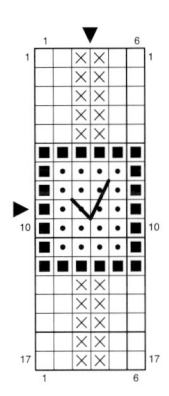

㉓ 腕時計 C
- ■ 310
- • BLANC

Straight Stitch
↳ 310

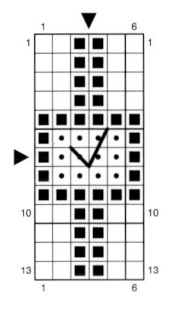

㉔ 腕時計 D
- ■ 3852
- □ 742
- ▲ 310

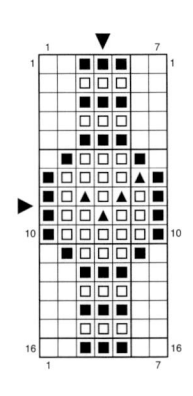

㉕ てんとう虫
- ■ 310
- ○ 666

Back Stitch
↳ 310

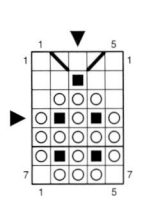

㉖ 口紅
- □ 310
- # 318
- ■ 666
- × 780
- ○ 3852

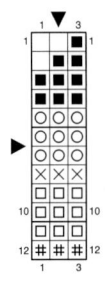

㉗ 香水
- □ 742
- ■ 310
- • 157
- ○ BLANC

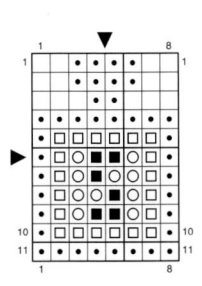

08 スニーカーショップ
Sneaker Shop

糸：DMC25番刺しゅう糸／2本取り
布：DMC アイーダ 14ct ／ Blanc（白）

❶ ハイテクスニーカー
×	310
△	369
●	414
—	415
✴	535
□	742

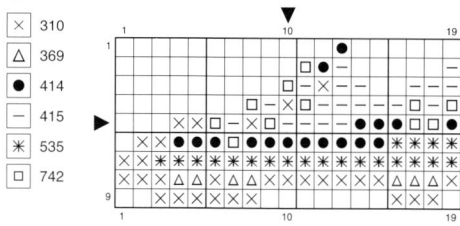

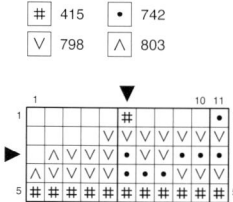

❷ 青いスニーカー
#	415	•	742
V	798	∧	803

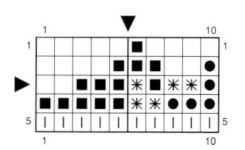

❸ 赤×青
●	666	■	798
✴	415	I	745

❹ 黄色スニーカー
○	310	I	414
✴	676	□	742

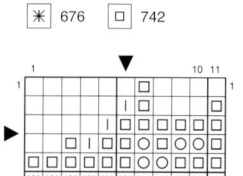

❺ バスケットマン
●	666

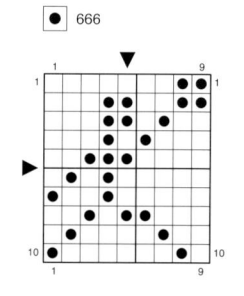

❻ 黒×赤
□	310	●	666
×	676	+	414

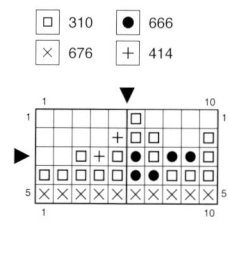

❼ AJIDES
×	310	○	996

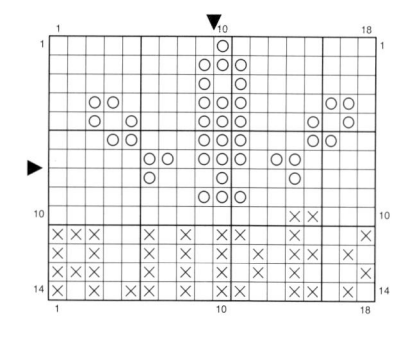

❽ スケートシューズ
■	414
□	798
—	157
✴	676
•	BLANC

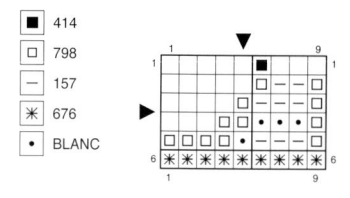

❾ 赤黒チェック
○	414
□	310
×	666

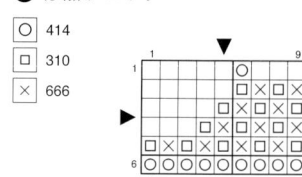

❿ ズック
■	310
+	414
●	666
×	676
—	798
○	BLANC

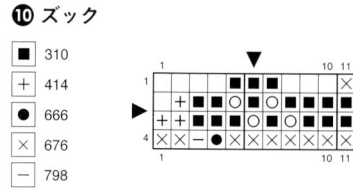

⓫ トリコロール
+	310
▲	798
□	3033
#	745

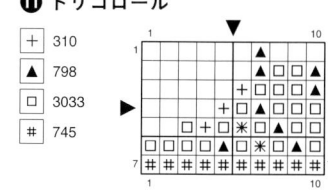

⓬ UMA
●	300	□	310

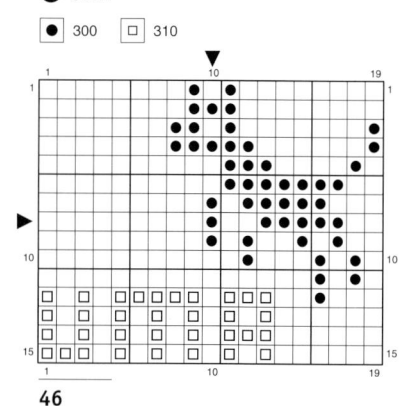

⓭ 緑バッシュ
○	700
□	415
—	676
△	798
✴	666

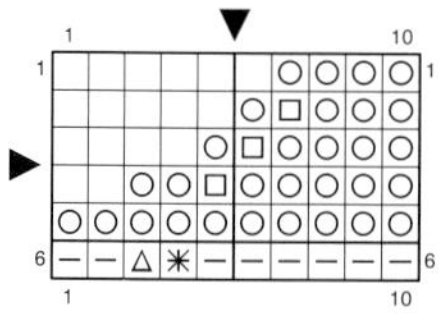

⓮ 白黒チェック
×	414	□	310	•	415

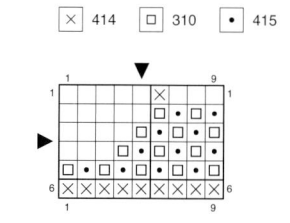

46

⑮ JUST STITCH IT!

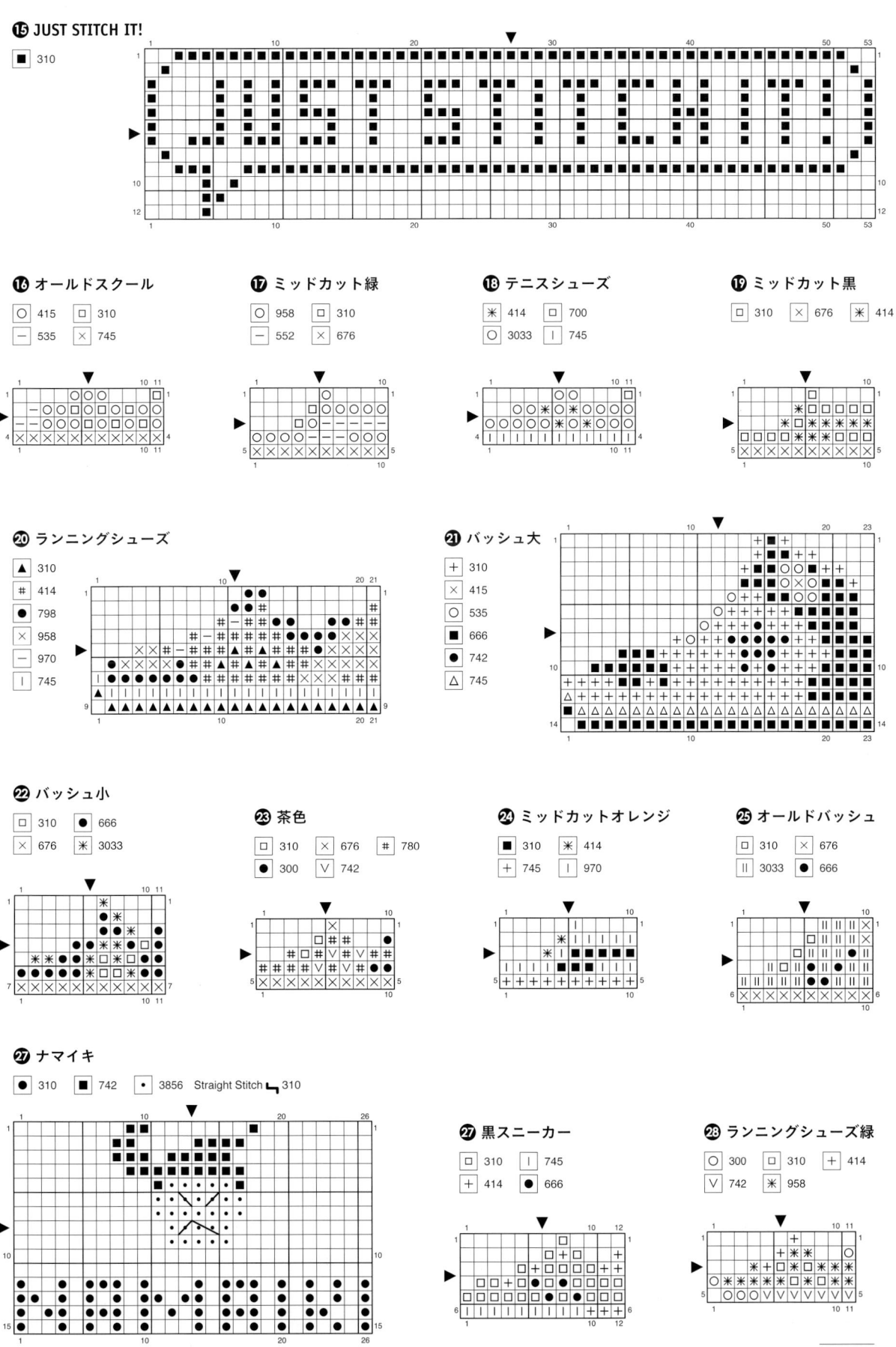

- ■ 310

⑯ オールドスクール
- ○ 415
- □ 310
- − 535
- × 745

⑰ ミッドカット緑
- ○ 958
- □ 310
- − 552
- × 676

⑱ テニスシューズ
- ✳ 414
- □ 700
- ○ 3033
- | 745

⑲ ミッドカット黒
- □ 310
- × 676
- ✳ 414

⑳ ランニングシューズ
- ▲ 310
- # 414
- ● 798
- × 958
- − 970
- | 745

㉑ バッシュ大
- + 310
- × 415
- ○ 535
- ■ 666
- ● 742
- △ 745

㉒ バッシュ小
- □ 310
- ● 666
- × 676
- ✳ 3033

㉓ 茶色
- □ 310
- × 676
- # 780
- ● 300
- V 742

㉔ ミッドカットオレンジ
- ■ 310
- ✳ 414
- + 745
- | 970

㉕ オールドバッシュ
- □ 310
- × 676
- ‖ 3033
- ● 666

㉗ ナマイキ
- ● 310
- ■ 742
- · 3856
- Straight Stitch ↳ 310

㉗ 黒スニーカー
- □ 310
- | 745
- + 414
- ● 666

㉘ ランニングシューズ緑
- ○ 300
- □ 310
- + 414
- V 742
- ✳ 958

47

09 シューズショップ
Shoes Shop

糸：DMC25番刺しゅう糸／2本取り
布：DMC アイーダ 14ct ／ Blanc（白）

❶ ブーツ A
- × 666
- ✱ 676
- ■ 700
- ● 742
- □ 780

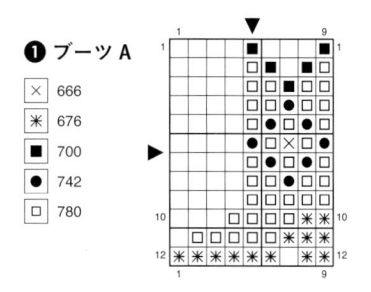

❷ ブーツ B
- □ 780
- ■ 300
- ● 535

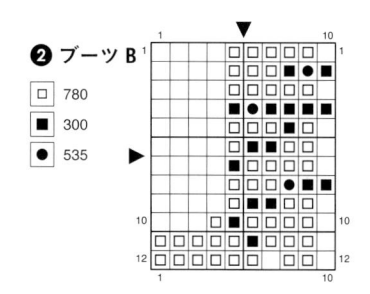

❸ ヒール A
- ● 310
- ■ 552

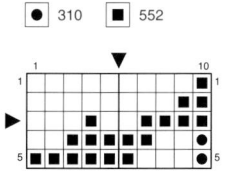

❹ ヒール B
- ■ 310
- ○ 666

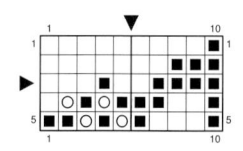

❺ ブーツ C
- ● 310
- ○ 666

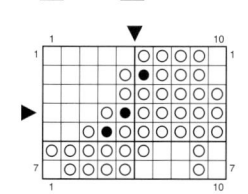

❻ ブーツ D
- □ 742
- ■ 676
- ○ 300

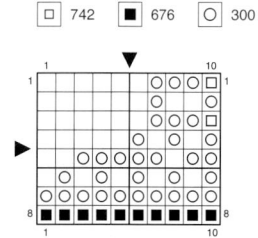

❼ ブーツ E
- ■ 676
- ○ 300

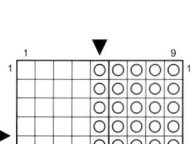

❽ ブーツ F
- × 666
- ■ 676
- ○ 745

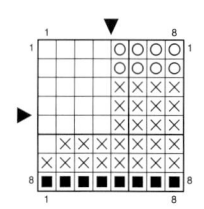

❾ ヒール C
- ○ 157

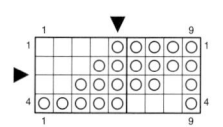

❿ ヒール D
- □ 742
- ○ 666
- ■ 300

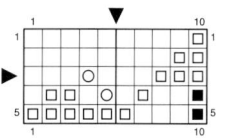

⓫ ヒール E
- ■ 310
- ◎ 300
- ● 742

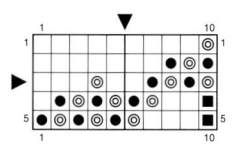

⓬ ブーツ G
- ○ 310
- □ 742
- ◣ 535
- ■ 300

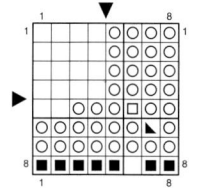

⓭ ブーツ H
- ■ 310
- □ 535
- ○ 414

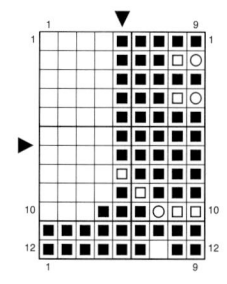

⓮ ヒール F
- ✱ 353
- ■ 780

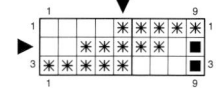

⓯ ブーツ I
- ✱ 780
- | 3033
- ● 666
- ■ 745

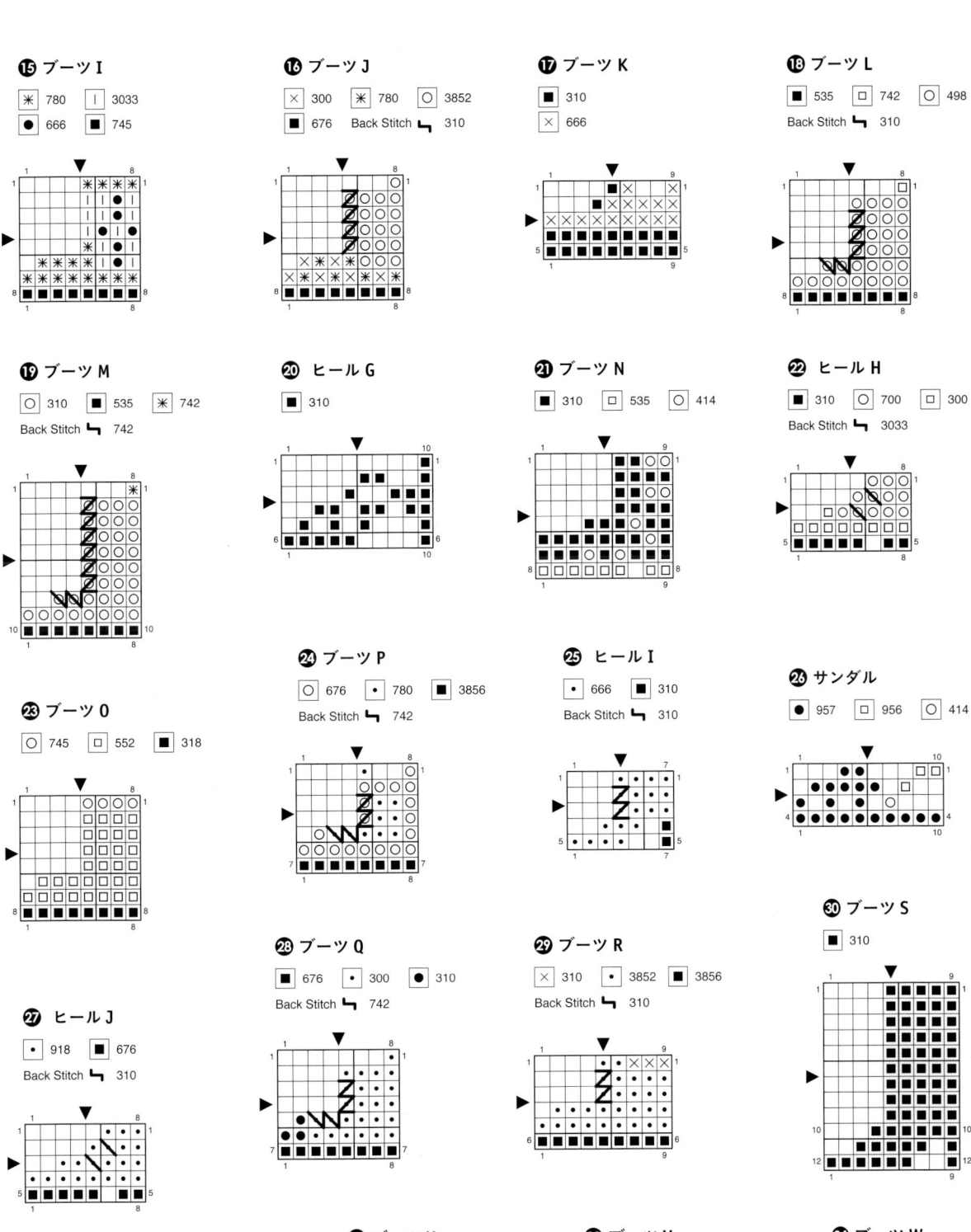

⓰ ブーツ J
- ✕ 300
- ✱ 780
- ○ 3852
- ■ 676
- Back Stitch ↳ 310

⓱ ブーツ K
- ■ 310
- ✕ 666

⓲ ブーツ L
- ■ 535
- □ 742
- ○ 498
- Back Stitch ↳ 310

⓳ ブーツ M
- ○ 310
- ■ 535
- ✱ 742
- Back Stitch ↳ 742

⓴ ヒール G
- ■ 310

㉑ ブーツ N
- ■ 310
- □ 535
- ○ 414

㉒ ヒール H
- ■ 310
- ○ 700
- □ 300
- Back Stitch ↳ 3033

㉓ ブーツ O
- ○ 745
- □ 552
- ■ 318

㉔ ブーツ P
- ○ 676
- • 780
- ■ 3856
- Back Stitch ↳ 742

㉕ ヒール I
- • 666
- ■ 310
- Back Stitch ↳ 310

㉖ サンダル
- ● 957
- □ 956
- ○ 414

㉗ ヒール J
- • 918
- ■ 676
- Back Stitch ↳ 310

㉘ ブーツ Q
- ■ 676
- • 300
- ● 310
- Back Stitch ↳ 742

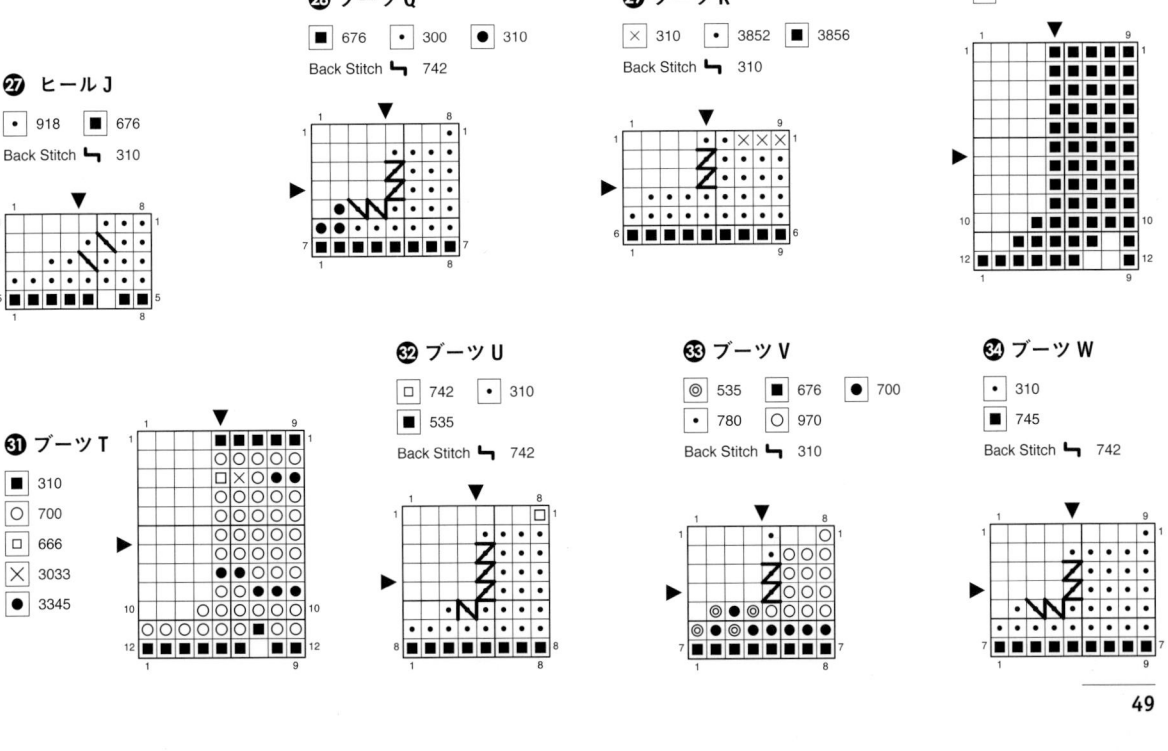

㉙ ブーツ R
- ✕ 310
- • 3852
- ■ 3856
- Back Stitch ↳ 310

㉚ ブーツ S
- ■ 310

㉛ ブーツ T
- ■ 310
- ○ 700
- □ 666
- ✕ 3033
- ● 3345

㉜ ブーツ U
- □ 742
- • 310
- ■ 535
- Back Stitch ↳ 742

㉝ ブーツ V
- ◎ 535
- ■ 676
- ● 700
- • 780
- ○ 970
- Back Stitch ↳ 310

㉞ ブーツ W
- • 310
- ■ 745
- Back Stitch ↳ 742

49

10 スポーツ用品店 春・夏
Sports Shop, Spring & Summer

糸：DMC25 番刺しゅう糸／2 本取り
布：DMC アイーダ 14ct ／ Blanc（白）

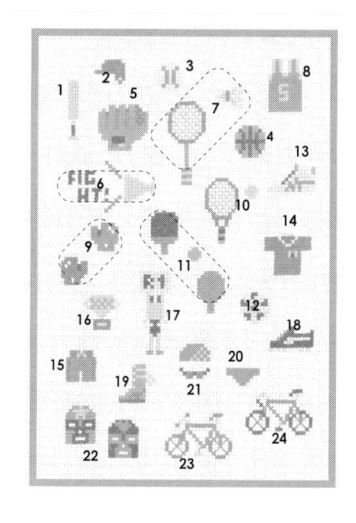

❶ バット
- □ 742
- ■ 310

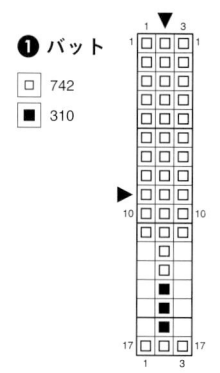

❷ ヘルメット
- ● 798

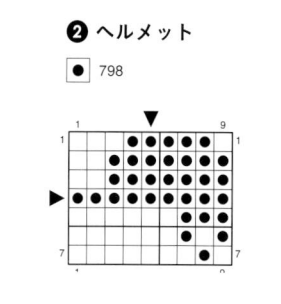

❸ 野球ボール
- ■ 666
- ○ 745

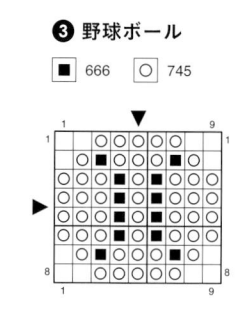

❹ バスケットボール
- ＋ 970
- ■ 310

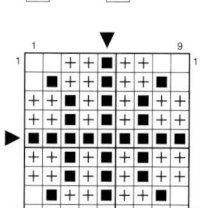

❺ 野球グローブ
- ● 300
- ■ 310
- ＊ 666
- □ 742
- ◎ 780
- × 970

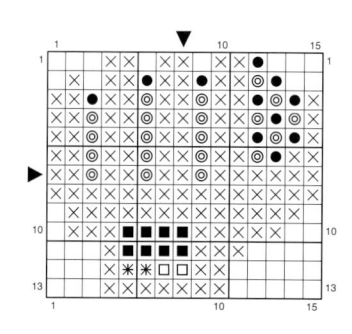

❻ メガホン
- ● 310
- ＊ 666
- □ 742

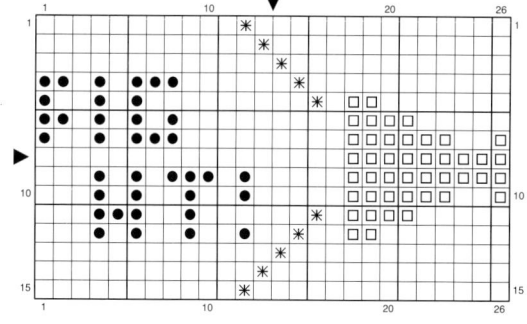

❼ バドミントン
- ○ 414
- □ 415
- ＊ 666
- ● 742
- ■ 798

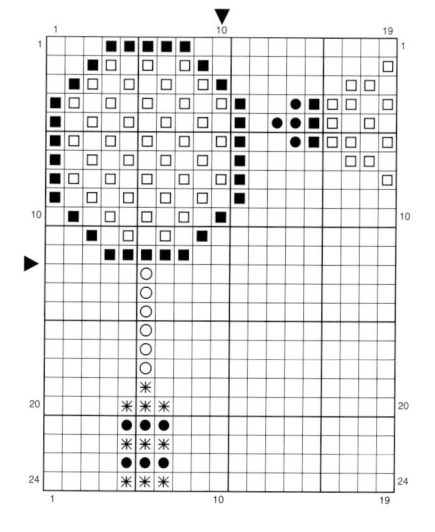

❽ バスケユニフォーム
- × 666
- ・ 700
- ■ 742
- ● 798

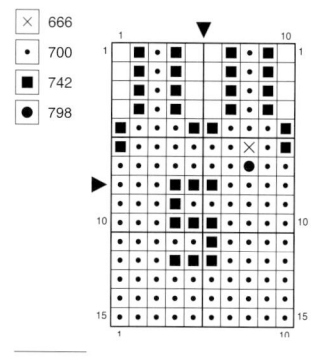

❾ ボクシンググローブ
- □ 310
- ■ 666
- ● 798
- ○ BLANC

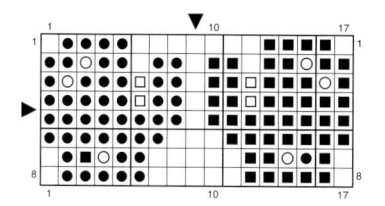

❿ テニス
- ■ 798
- □ 415
- ◎ 742
- × 310
- ＊ 414

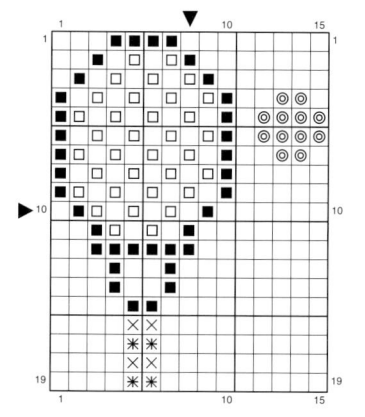

⓫ 卓球

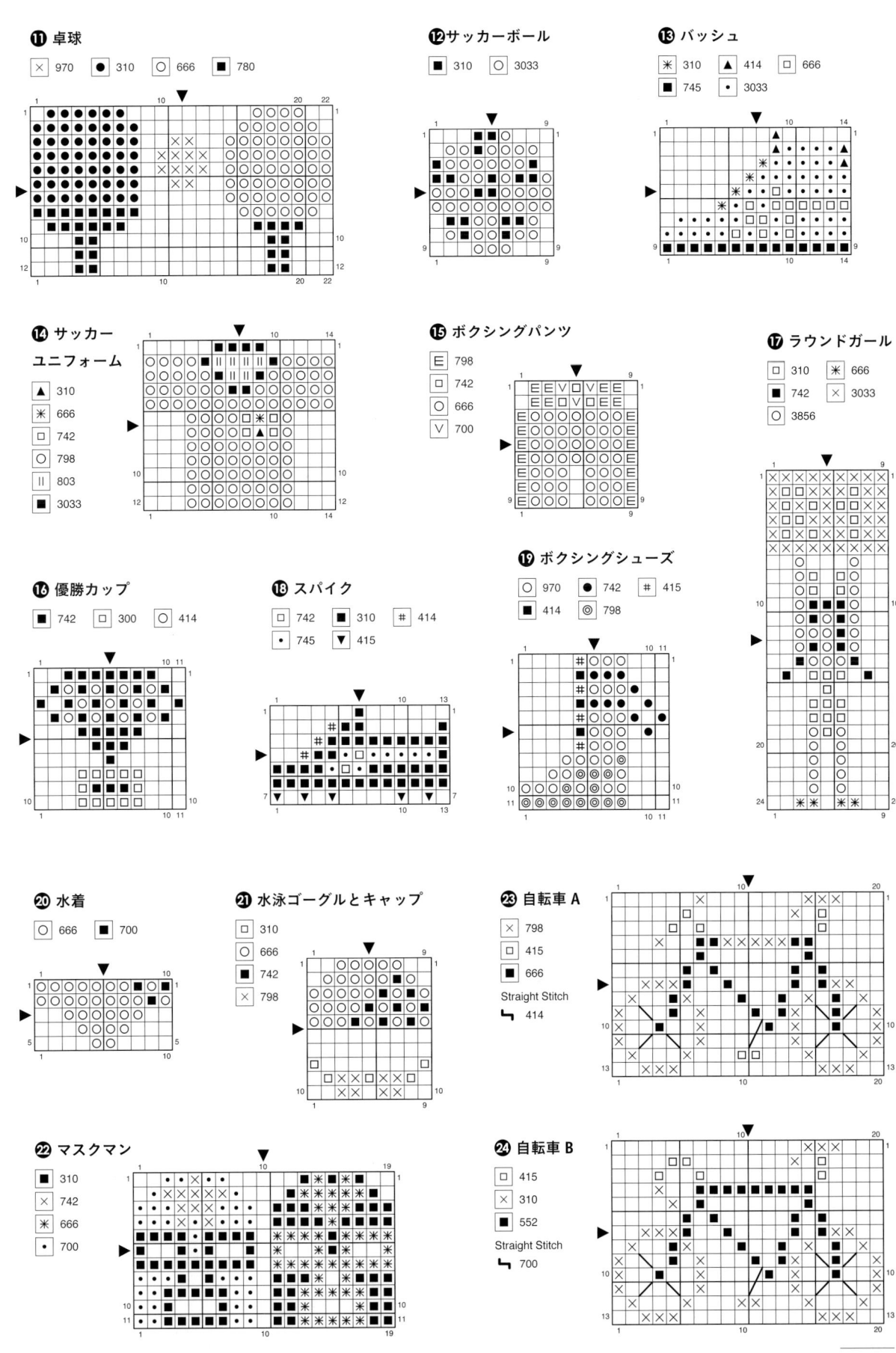

| × | 970 | ● | 310 | ○ | 666 | ■ | 780 |

⓬ サッカーボール

| ■ | 310 | ○ | 3033 |

⓭ バッシュ

| ✳ | 310 | ▲ | 414 | □ | 666 |
| ■ | 745 | • | 3033 |

⓮ サッカーユニフォーム

▲	310
✳	666
□	742
○	798
‖	803
■	3033

⓯ ボクシングパンツ

E	798
□	742
○	666
V	700

⓱ ラウンドガール

□	310	✳	666
■	742	×	3033
○	3856

⓰ 優勝カップ

| ■ | 742 | □ | 300 | ○ | 414 |

⓲ スパイク

| □ | 742 | ■ | 310 | # | 414 |
| • | 745 | ▼ | 415 |

⓳ ボクシングシューズ

| ○ | 970 | ● | 742 | # | 415 |
| ■ | 414 | ◎ | 798 |

⓴ 水着

| ○ | 666 | ■ | 700 |

㉑ 水泳ゴーグルとキャップ

□	310
○	666
■	742
×	798

㉓ 自転車A

×	798
□	415
■	666

Straight Stitch
↳ 414

㉒ マスクマン

■	310
×	742
✳	666
•	700

㉔ 自転車B

□	415
×	310
■	552

Straight Stitch
↳ 700

51

11 スポーツ用品店 冬
Sports Shop, Winter

糸：DMC25番刺しゅう糸／2本取り
布：DMCアイーダ14ct／Blanc（白）

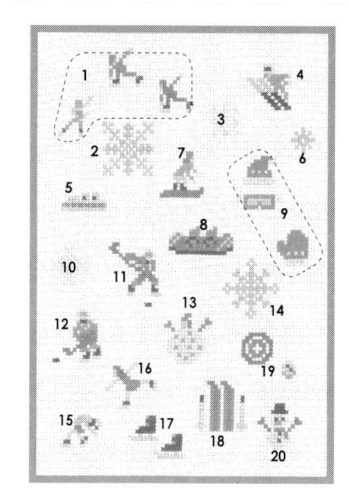

❶ スピードスケート

×	310	▼	415	#	498	■	552	●	666
□	742	V	803	◆	970	—	996	○	3856

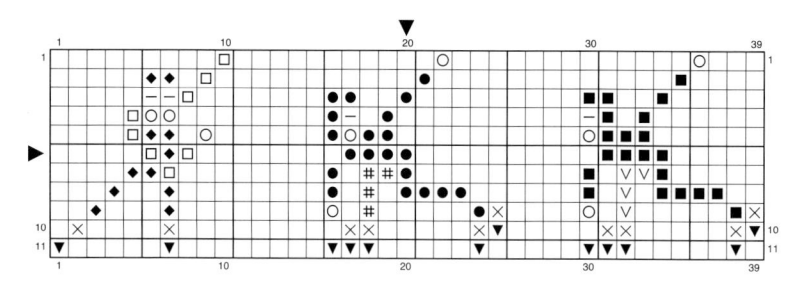

❷ 雪の結晶 A
■ 157

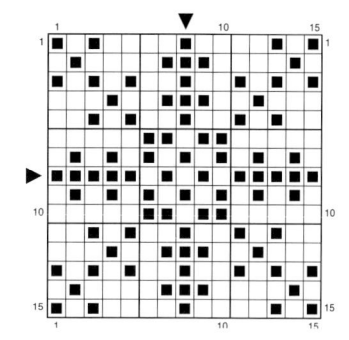

❸ 雪の結晶 B
■ 3033

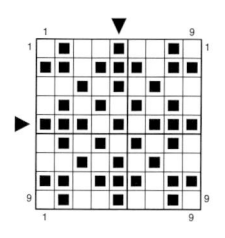

❹ スキージャンプ

▲	310	□	415
●	700	∧	742
○	956	■	958
✻	3856		

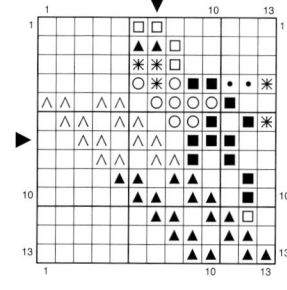

❺ ボブスレー

+	970
●	742
□	415
•	310
×	798

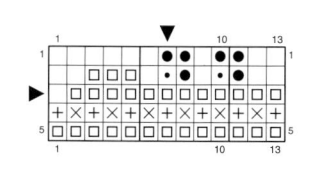

❻ 雪の結晶 C
■ 157

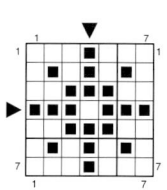

❼ スノーボーダー

V	300	✻	310
#	666	●	742
◣	798	○	958
•	996	◎	3033
■	3856		

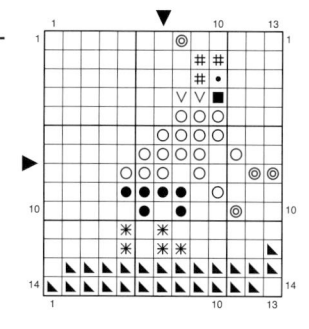

❽ スノボー

✻	310
×	414
■	552
□	700
○	742

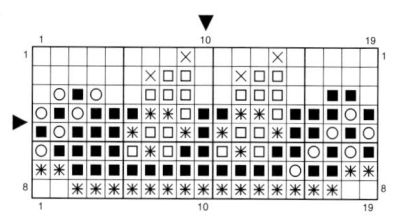

❾ 帽子と手袋とゴーグル

○	666
■	700
×	742
✻	3033

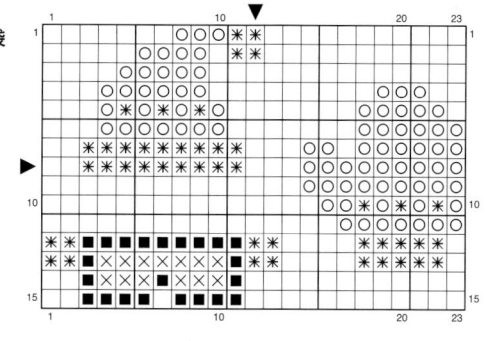

❿ 雪の結晶 D
- ■ 3033

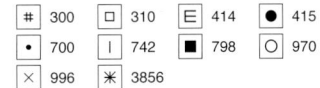

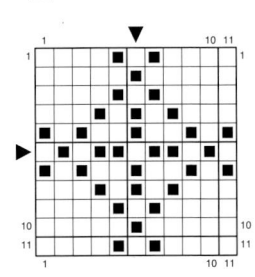

⓫ アイスホッケー A
- # 300
- □ 310
- E 414
- ● 415
- · 700
- I 742
- ■ 798
- ○ 970
- × 996
- ✳ 3856

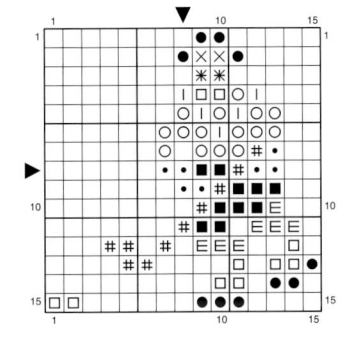

⓬ アイスホッケー B
- ■ 300
- ▲ 310
- ‖ 414
- □ 415
- × 552
- # 666
- ◎ 700
- V 742
- ∧ 798
- ✳ 996
- ○ 3856

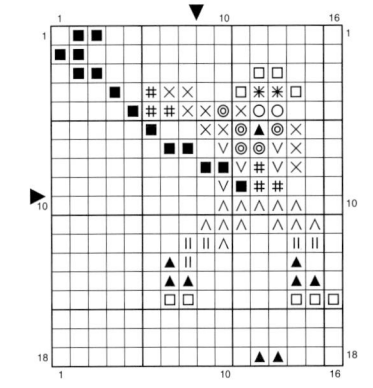

⓭ 雪に埋まった人間
- V 300
- ● 414
- ■ 666
- △ 700
- ○ 3033
- × 3856

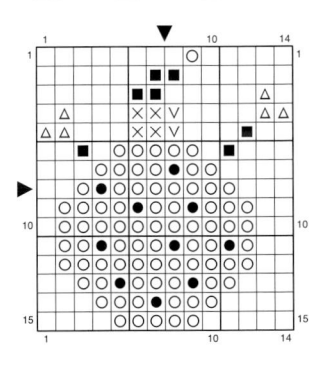

⓮ 雪の結晶 E
- ■ 157

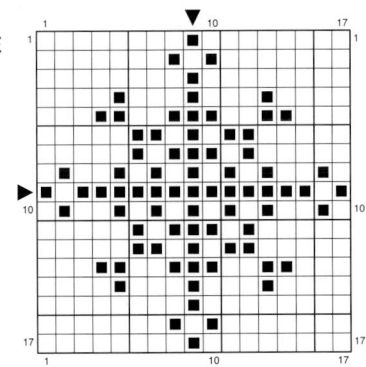

⓯ フィギュアスケート A
- □ 157
- ■ 310
- ✳ 415
- × 798
- ○ 3856

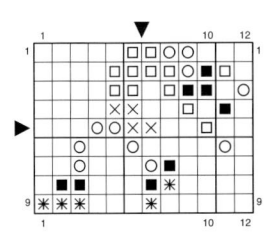

⓰ フィギュアスケート B
- ● 300
- ✳ 310
- I 415
- # 666
- ○ 3856

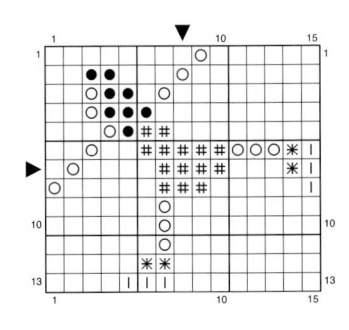

⓱ スケート靴
- × 414
- □ 310
- ◢ 415

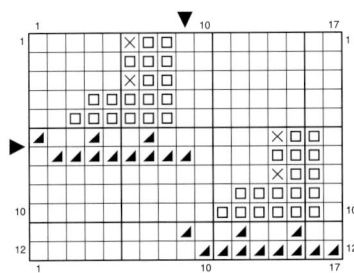

⓲ スキー
- ● 310
- ✳ 415
- ■ 700
- × 798

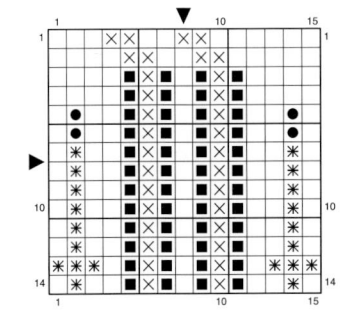

⓳ カーリング
- ■ 798
- × 666
- ✳ 415
- I 310
- ● 742
- ○ 414

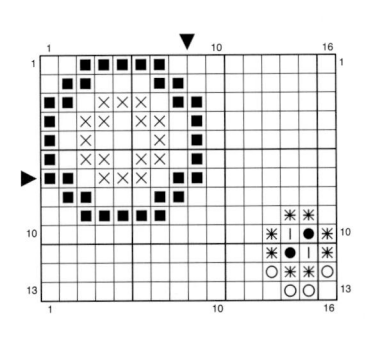

⓴ 雪だるま
- + 970
- ○ 666
- □ 3033
- ■ 310
- × 300

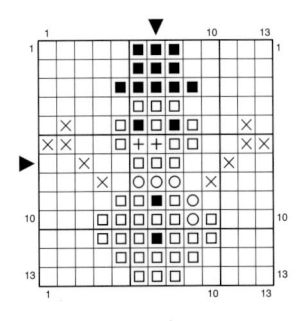

12 バーバー 1
Barber 1

糸：DMC25 番刺しゅう糸／2 本取り
布：DMC アイーダ 14ct ／ Blanc（白）

❶ 男の子 A
- ● 310
- ■ 300
- ・ 3856
- □ 666

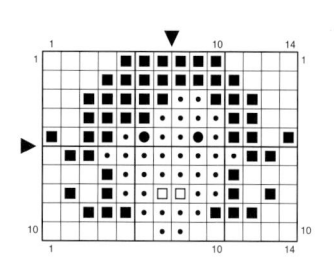

❷ 男の子 B
- ■ 310
- × 666
- □ 676

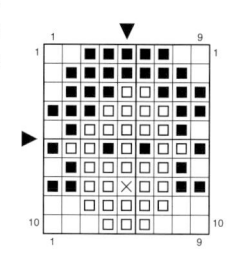

❸ 女の子 A
- ○ 3856
- ■ 310
- × 666
- ✳ 300

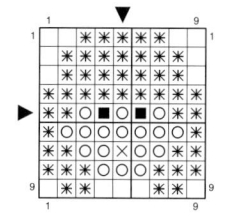

❹ HELLO
- ■ 310

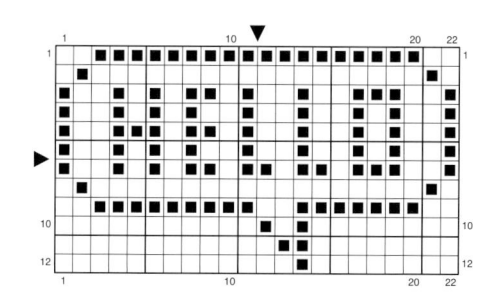

❺ 男の子 C
- × 666
- ■ 742
- ○ 745
- ● 996

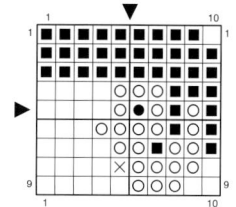

❻ 男の子 D
- ■ 310
- ● 666
- ✳ 300
- ○ 676

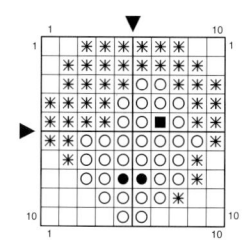

❼ 男の子 E
- ● 310
- × 666
- ■ 780
- □ 3856

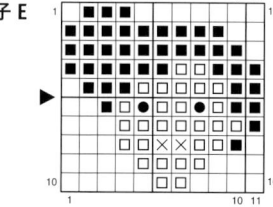

❽ 男の子 F
- ・ 3856
- ● 310
- × 666
- # 3852

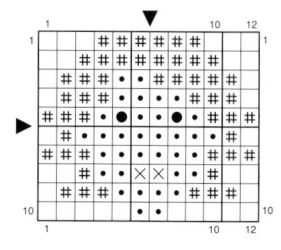

❾ 女の子 B
- ■ 310
- □ 353
- ○ 666

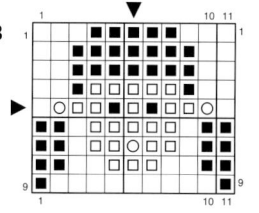

❿ 女の子 C
- ● 310
- ■ 666
- × 700
- ○ 676
- ✳ 742

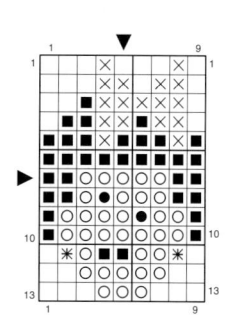

⑪ 男の子 G
- ■ 310
- ○ 666
- □ 3856

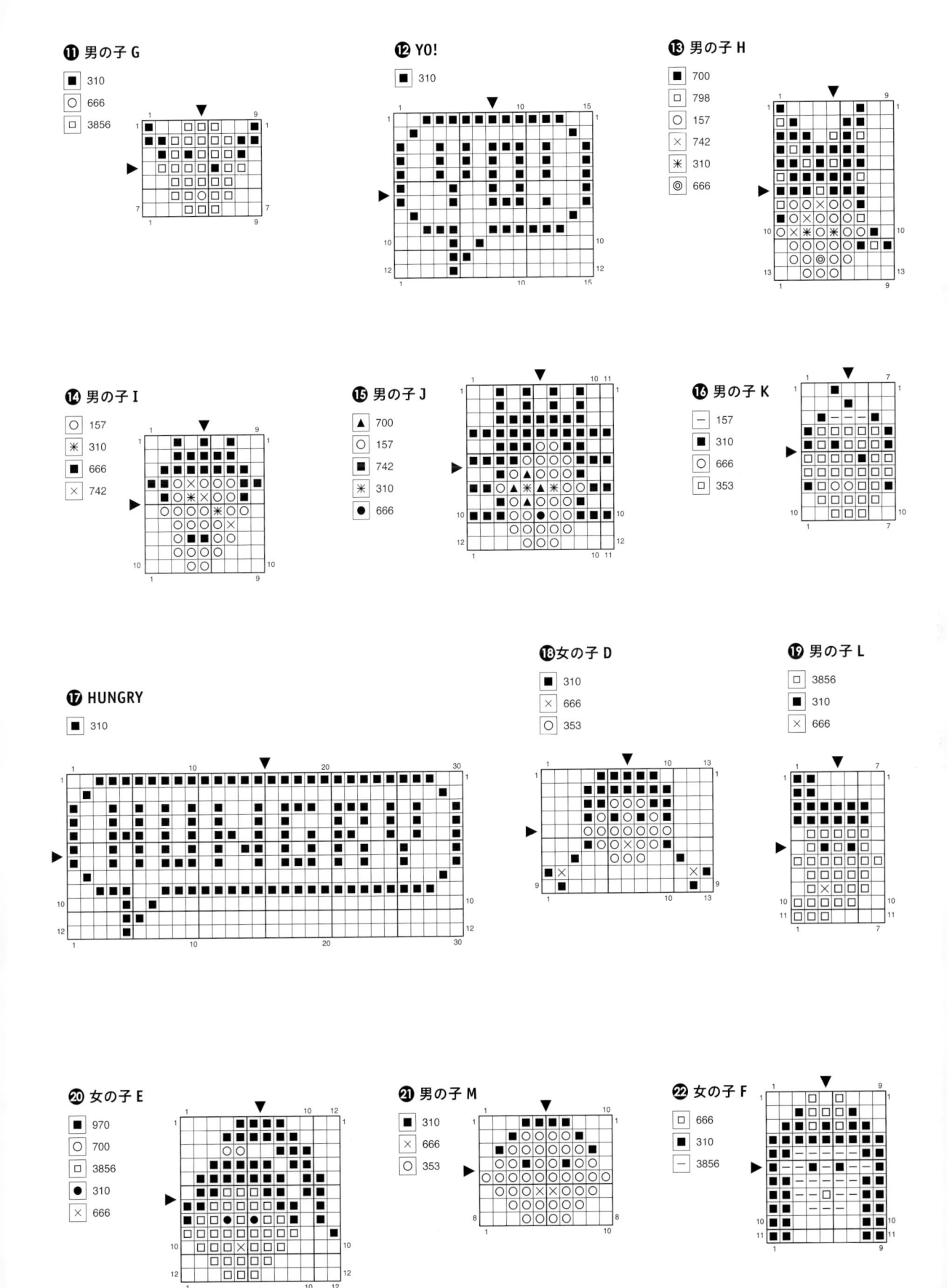

⑫ YO!
- ■ 310

⑬ 男の子 H
- ■ 700
- □ 798
- ○ 157
- × 742
- ✳ 310
- ◎ 666

⑭ 男の子 I
- ○ 157
- ✳ 310
- ■ 666
- × 742

⑮ 男の子 J
- ▲ 700
- ○ 157
- ■ 742
- ✳ 310
- ● 666

⑯ 男の子 K
- — 157
- ■ 310
- ○ 666
- □ 353

⑰ HUNGRY
- ■ 310

⑱ 女の子 D
- ■ 310
- × 666
- ○ 353

⑲ 男の子 L
- □ 3856
- ■ 310
- × 666

⑳ 女の子 E
- ■ 970
- ○ 700
- □ 3856
- ● 310
- × 666

㉑ 男の子 M
- ■ 310
- × 666
- ○ 353

㉒ 女の子 F
- □ 666
- ■ 310
- — 3856

55

㉓ 女の子 G
- ■ 970
- ○ 666
- □ 310
- × 676

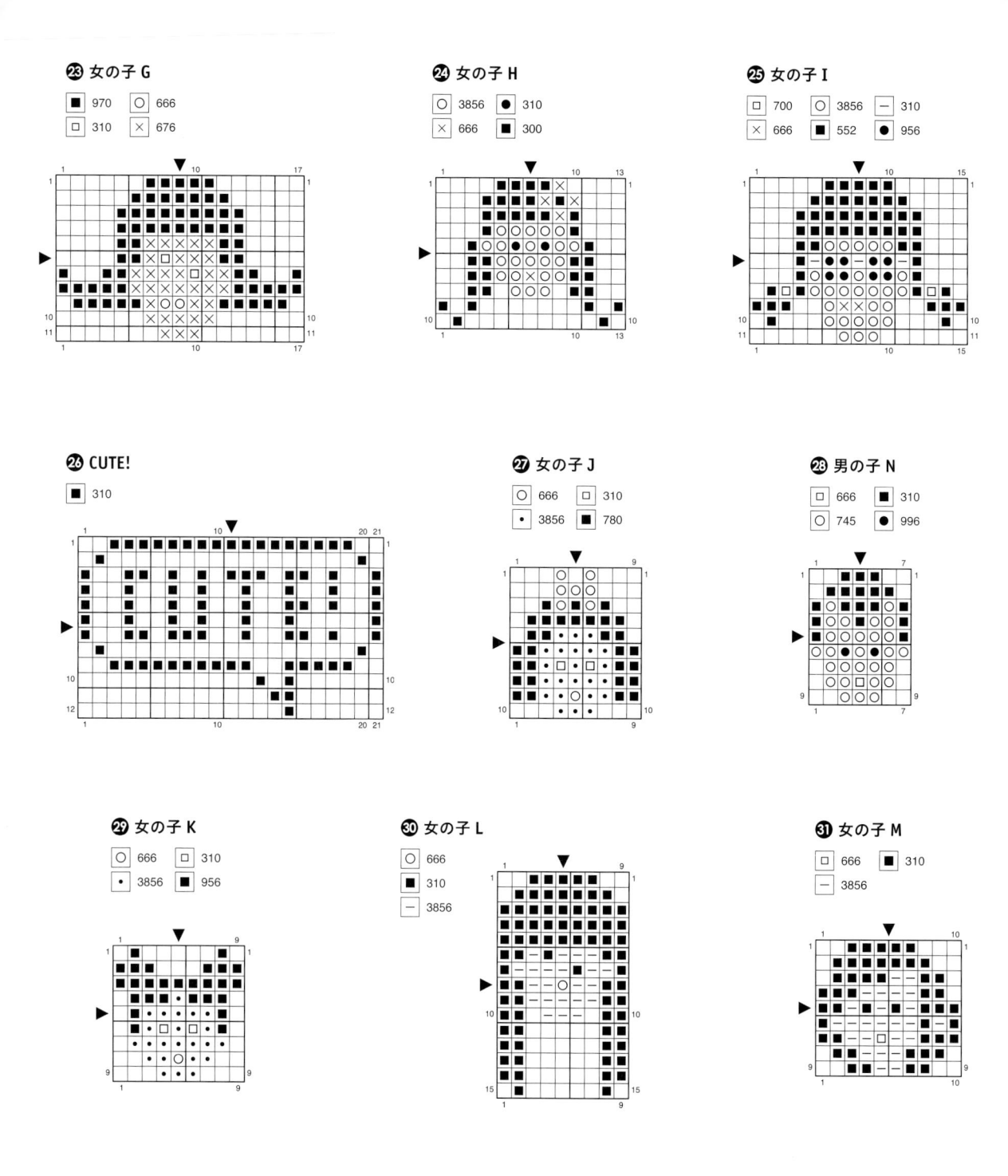

㉔ 女の子 H
- ○ 3856
- ● 310
- × 666
- ■ 300

㉕ 女の子 I
- □ 700
- ○ 3856
- − 310
- × 666
- ■ 552
- ● 956

㉖ CUTE!
- ■ 310

㉗ 女の子 J
- ○ 666
- □ 310
- ・ 3856
- ■ 780

㉘ 男の子 N
- □ 666
- ■ 310
- ○ 745
- ● 996

㉙ 女の子 K
- ○ 666
- □ 310
- ・ 3856
- ■ 956
- − 3856

㉚ 女の子 L
- ○ 666
- ■ 310
- − 3856

㉛ 女の子 M
- □ 666
- ■ 310
- − 3856

㉜ 女の子 N
- ■ 310
- □ 666
- ○ 3856

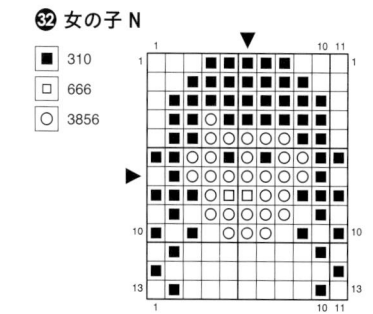

㉝ 女の子 O
- ■ 666
- □ 310
- − 3856
- ● 996

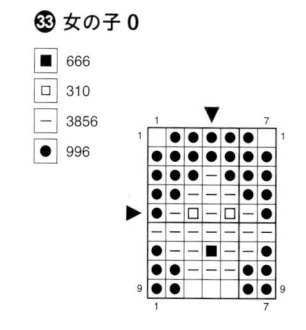

㉞ おじさん
- ■ 415
- ・ 3856
- ○ 666
- Back Stitch
- ↳ 310

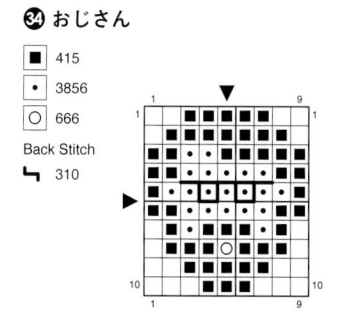

13 バーバー 2
Barber 2

糸：DMC25番しゅう糸／2本取り
布：DMC アイーダ 14ct ／ Blanc（白）

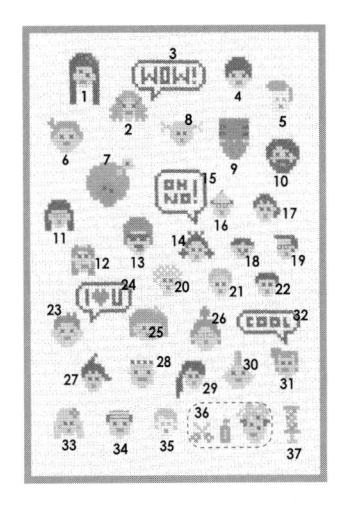

❶ 女の子 A
- ■ 310
- □ 666
- ○ 676

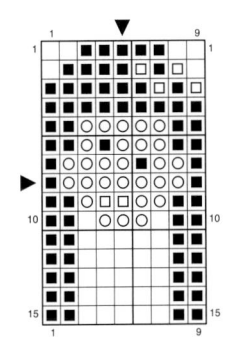

❷ 女の子 B
- ● 310
- □ 666
- ■ 996
- ○ 3856

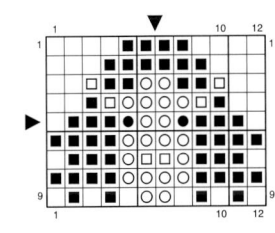

❸ WOW!
- ■ 310

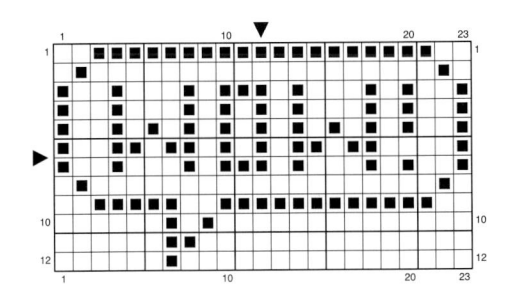

❹ 男の子 A
- ■ 310
- □ 666
- • 676

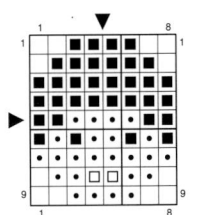

❺ 男の子 B
- □ 666
- × 996
- ■ 906
- ○ 745

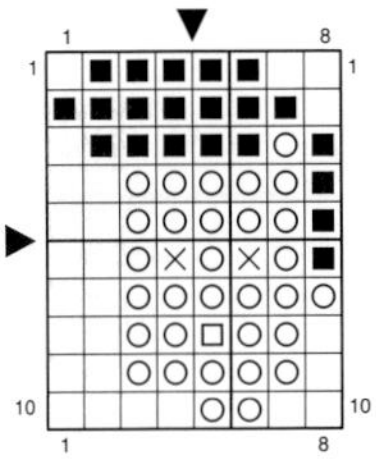

❻ 男の子 C
- ■ 970
- ● 310
- □ 666
- • 3856

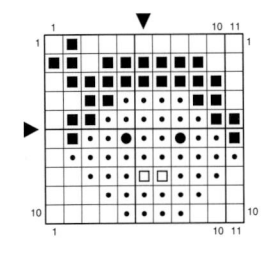

❼ アフロ
- ● 310
- — 666
- × 742
- ○ 780
- ■ 970

Back Stitch
- ↳ 970

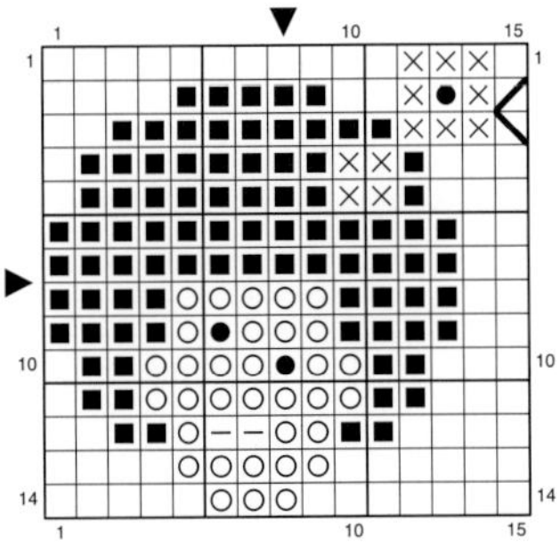

❽ 女の子 C
- ■ 742
- □ 996
- — 3856
- × 310
- ● 666

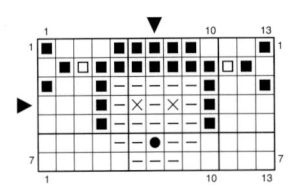

57

❾ 男の子 D
- E 742
- × 310
- ✳ 666
- □ 498
- • 780
- ■ 700

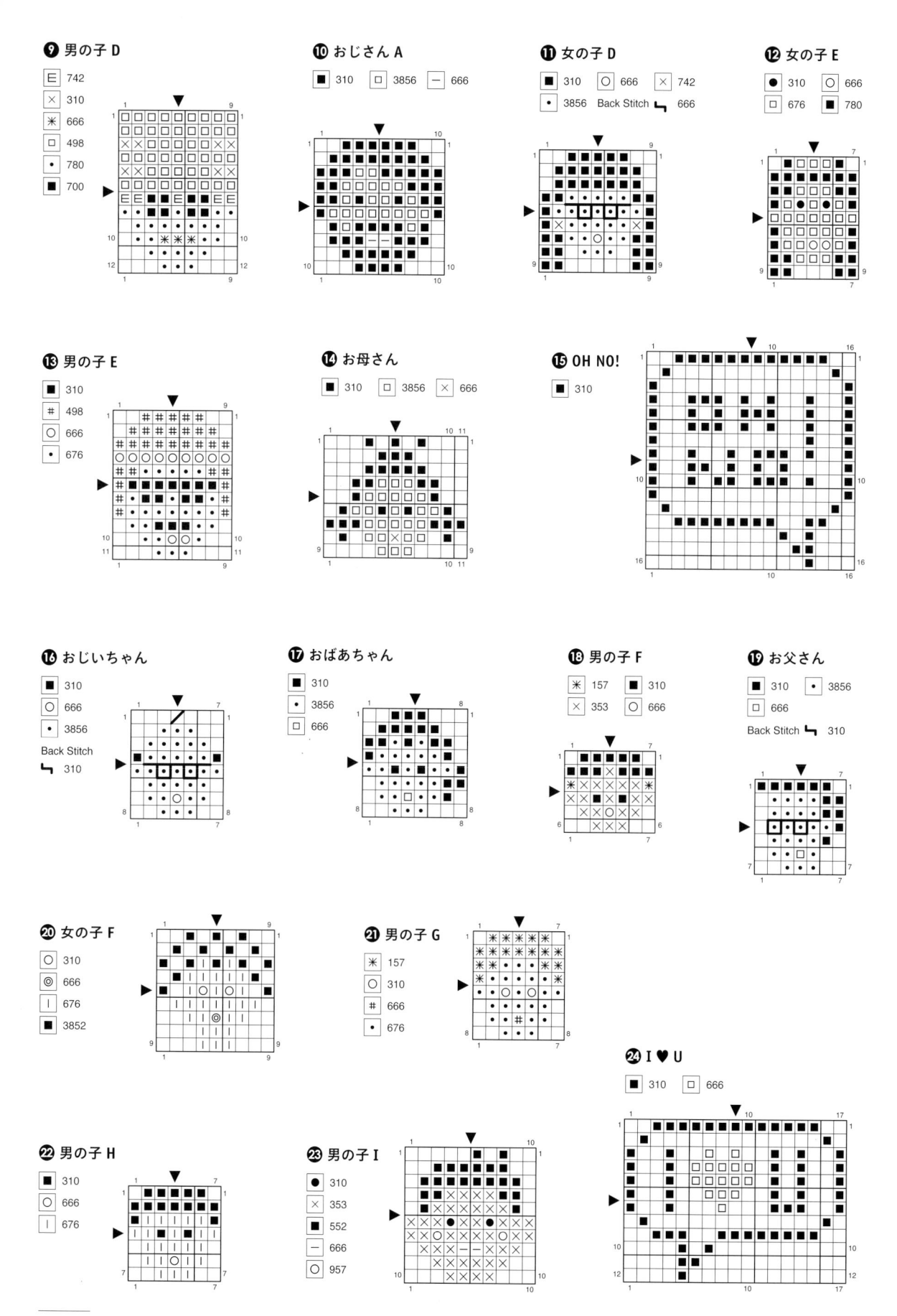

❿ おじさん A
- ■ 310
- □ 3856
- — 666

⓫ 女の子 D
- ■ 310
- ○ 666
- × 742
- • 3856
- Back Stitch ↳ 666

⓬ 女の子 E
- ● 310
- ○ 666
- □ 676
- ■ 780

⓭ 男の子 E
- ■ 310
- # 498
- ○ 666
- • 676

⓮ お母さん
- ■ 310
- □ 3856
- × 666

⓯ OH NO!
- ■ 310

⓰ おじいちゃん
- ■ 310
- ○ 666
- • 3856
- Back Stitch ↳ 310

⓱ おばあちゃん
- ■ 310
- • 3856
- □ 666

⓲ 男の子 F
- ✳ 157
- ■ 310
- × 353
- ○ 666

⓳ お父さん
- ■ 310
- • 3856
- □ 666
- Back Stitch ↳ 310

⓴ 女の子 F
- ○ 310
- ◎ 666
- | 676
- ■ 3852

㉑ 男の子 G
- ✳ 157
- ○ 310
- # 666
- • 676

㉒ 男の子 H
- ■ 310
- ○ 666
- | 676

㉓ 男の子 I
- ● 310
- × 353
- ■ 552
- — 666
- ○ 957

㉔ I ♥ U
- ■ 310
- □ 666

58

㉕ 女の子 G

- × 310
- • 353
- ○ 666
- □ 742
- ✳ 957
- ■ 970
- ▲ 996

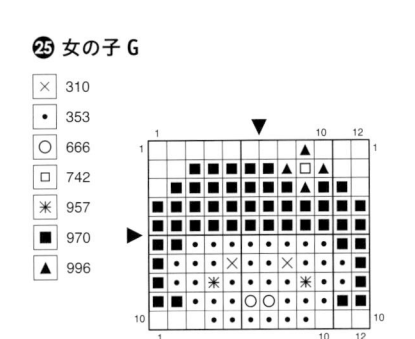

㉖ 女の子 H

- ■ 666
- • 3856
- ○ 552

Back Stitch
↳ 700

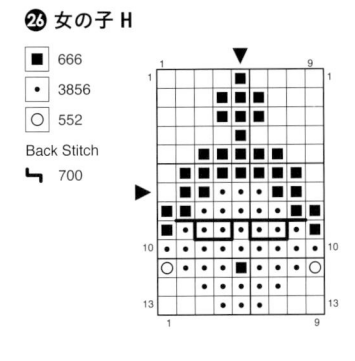

㉗ 男の子 J

- ■ 310
- ○ 666
- • 3856

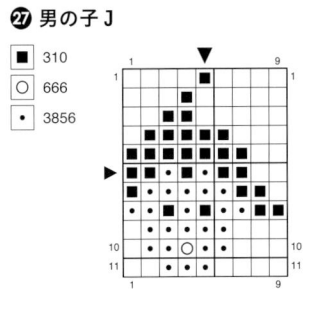

㉘ 男の子 K

- ■ 310
- ○ 666
- • 3856

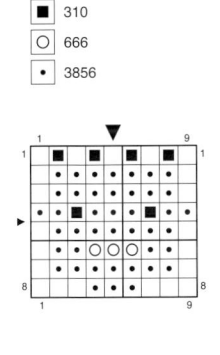

㉙ 女の子 I

- ■ 310
- ○ 666
- • 3856

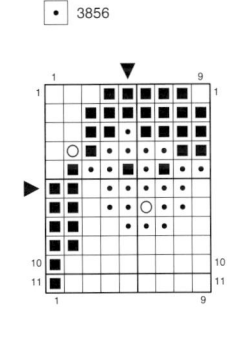

㉚ 男の子 L

- ■ 996
- ✳ 957
- × 310
- • 666
- ○ 3856

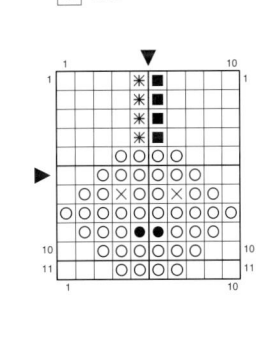

㉛ 男の子 M

- × 310
- ○ 666
- • 3856
- ■ 700

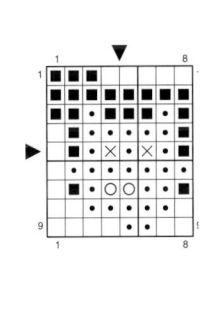

㉜ COOL

- ■ 310

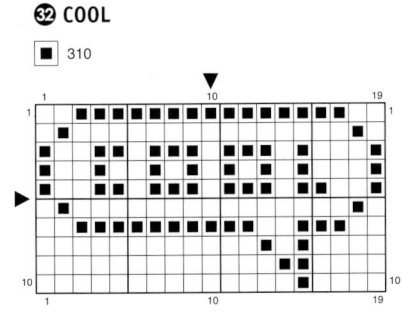

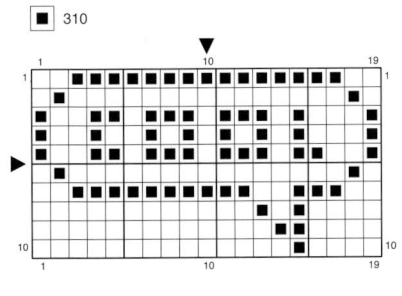

㉝ 女の子 J

- ○ 996
- ■ 742
- × 310
- □ 666
- • 3856

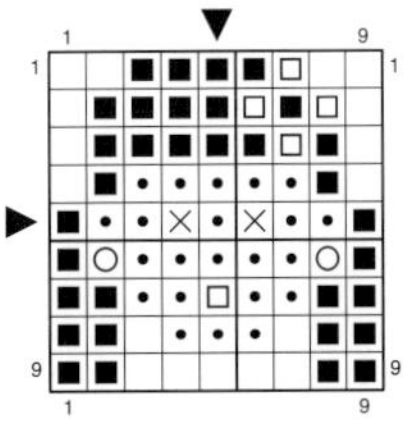

㉞ おじさん B

- × 310
- ○ 666
- • 3856

Back Stitch ↳ 310

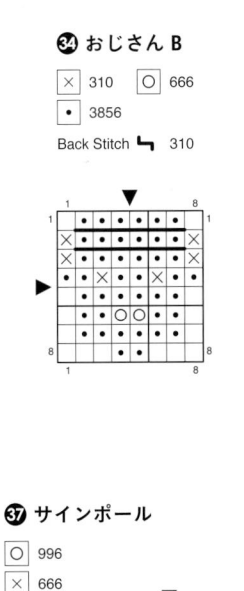

㉟ 男の子 N

- ■ 3852
- • 745
- ○ 996
- × 666

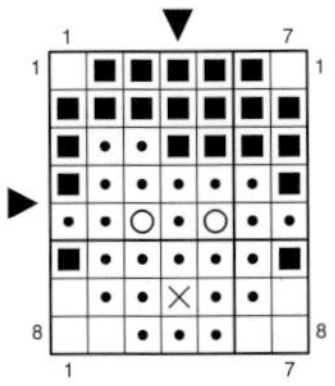

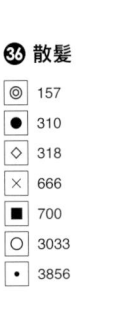

㊱ 散髪

- ◎ 157
- ● 310
- ◇ 318
- × 666
- ■ 700
- ○ 3033
- • 3856

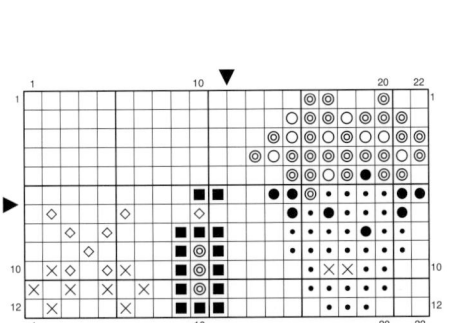

㊲ サインポール

- ○ 996
- × 666
- □ 3033
- ▲ 318
- ■ 906

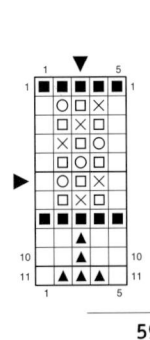

59

14 ペットショップ 犬
Pet Shop, Dogs

糸：DMC25番刺しゅう糸／2本取り
布：DMC アイーダ 14ct ／ Blanc（白）

❶ 柴犬顔
- ● 310
- + 676
- □ 957
- ■ 3852

Back Stitch ↳ 310

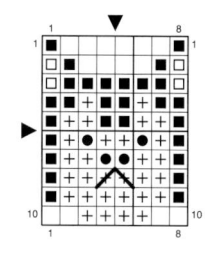

❷ フレンチブルドッグ A
- ■ 310
- × 414
- ◎ 798
- ✳ BLANC

Straight Stitch ↳ 310

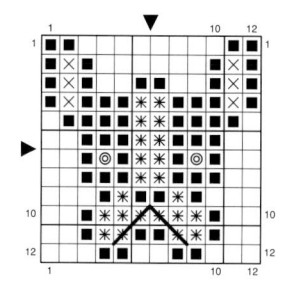

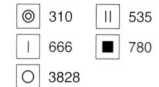

❸ パピヨン
- ▲ 300
- ● 310
- ◇ 666
- − 676
- □ 957
- ○ 3852

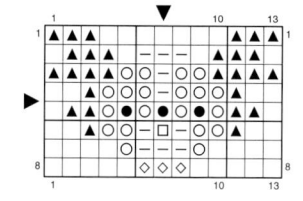

❹ ヨークシャーテリア A
- ◎ 310
- ∥ 535
- ∣ 666
- ■ 780
- ○ 3828

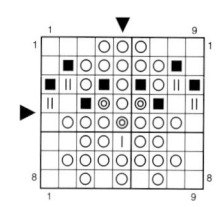

❺ チワワ
- ● 310
- # 780
- △ 300

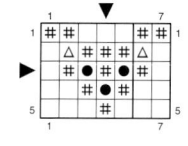

❻ マルチーズ A
- ● 310
- ◆ 666
- ▲ 957
- □ 3033

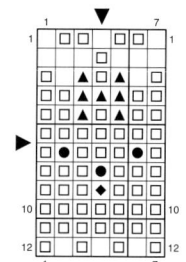

❼ 柴犬
- ● 310
- □ 676
- ■ 970

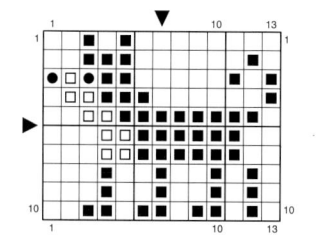

❽ ビーグル
- ● 310
- □ 676
- ■ 780
- ○ 918

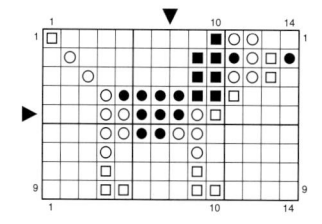

❾ スパニエル A
- ∧ 300
- ■ 310
- ◎ 666
- # 798
- ∥ 970
- ○ 3033

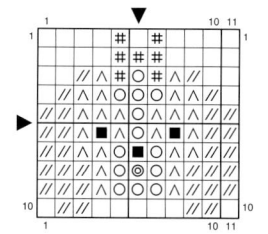

❿ ヨークシャーテリア B

- ■ 310
- ● 666
- ○ 3828

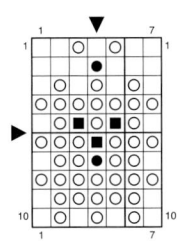

⓫ スパニエル B

- □ 666
- ■ 310
- × 414
- # 798
- ○ 742

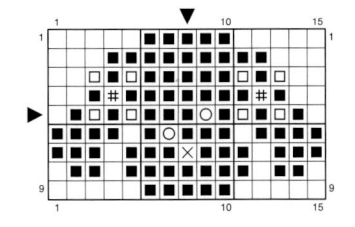

⓬ フレンチブルドッグ B

- △ 676
- ● 310
- # 780
- □ 918

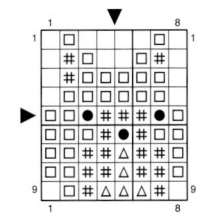

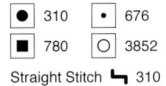

⓭ ブルドッグ

- ● 310
- · 676
- ■ 780
- ○ 3852

Straight Stitch ↳ 310

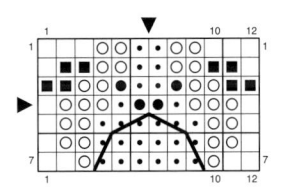

⓮ パグ

- ● 310
- □ 414
- · 745

Straight Stitch ↳ 310 ⌐ 414

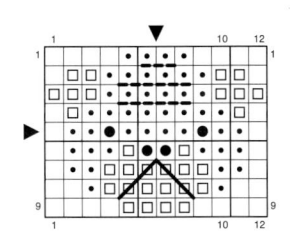

⓯ テリア

- ‖ 535
- ■ 310
- · 745
- ○ 415

Straight Stitch ↳ 310

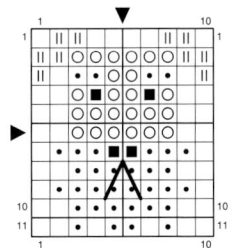

⓰ マルチーズ B

- □ 310
- ■ 666
- ▼ 957
- + 3033

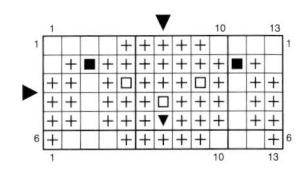

⓱ ペキニーズ

- ■ 310
- ○ 415
- ● 535
- □ 666

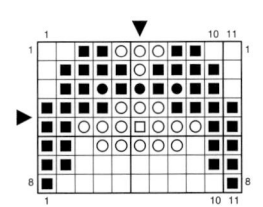

⓲ スパニエル C

- ▲ 310
- ○ 666
- □ 676
- ● 3852

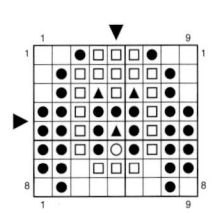

⓳ コリー

- ● 310
- ‖ 535
- □ 666
- ■ 918
- + 3033
- ○ 3852

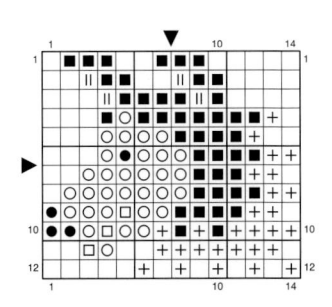

⓴ セントバーナード

- ● 300
- ◎ 310
- ■ 535
- · 676
- ○ 3852

Straight Stitch ↳ 310

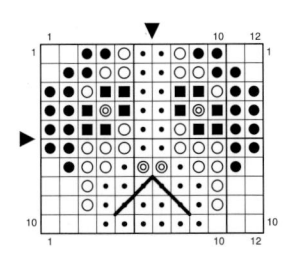

㉑ 骨

- ● 3033

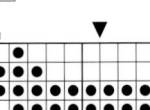

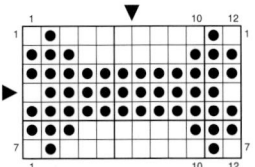

㉒ お座りワンコ
- ● 310
- ■ 666
- ○ 3033

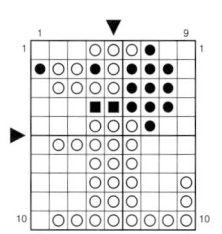

㉓ ブルテリア
- ● 310
- □ 745
- ∧ 957
- ◆ 535

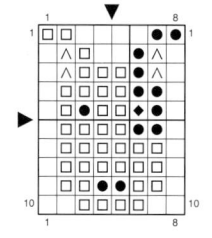

㉔ プードル
- ■ 310
- ● 414
- ○ 415
- × 745

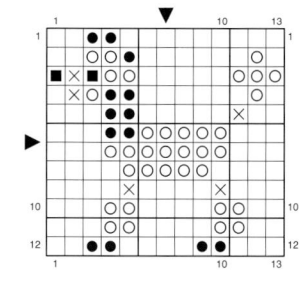

㉕ シベリアンハスキー
- ■ 310
- # 535
- | 666
- □ 798
- / 957
- ○ 3033

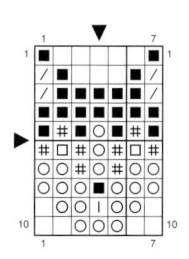

㉖ シェパード
- ● 300
- □ 310
- ◎ 666
- ○ 676
- / 957

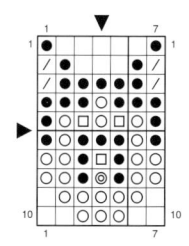

㉗ ドーベルマン
- ○ 300
- ■ 310
- ◎ 415

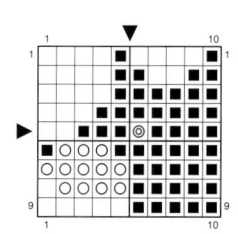

㉘ 足跡
- ● 300

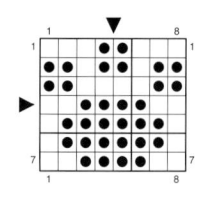

㉙ ダルメシアン
- ● 310
- □ 666
- ◎ 700
- ○ 3033

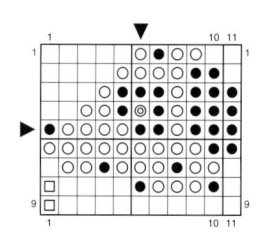

㉚ ラブラドールリトリバー
- ■ 310
- ○ 676
- ● 3852

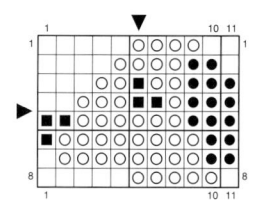

㉛ ダックスフンド
- ■ 310
- ○ 300
- ◆ 780

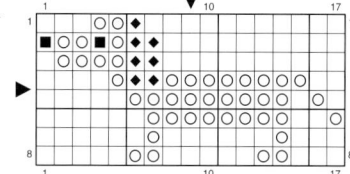

㉜ ラブラドールリトリバー黒
- | 666
- ● 535
- ◎ 700
- □ 310

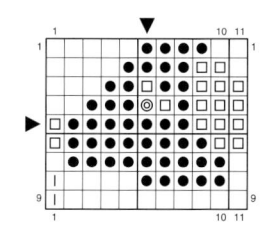

15 ペットショップ 猫
Pet Shop, Cats

糸：DMC25番刺しゅう糸／2本取り
布：DMC アイーダ 14ct ／ Blanc（白）

❶ 三毛猫 A
- + 970
- ■ 957
- □ 310
- ◆ 798
- • 745
- ○ 666

Straight Stitch
↳ 318

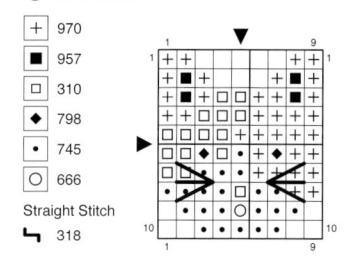

❷ 猫 A
- ○ 310
- • 353
- ■ 666
- − 745
- ▲ 798

Straight Stitch
↳ 318

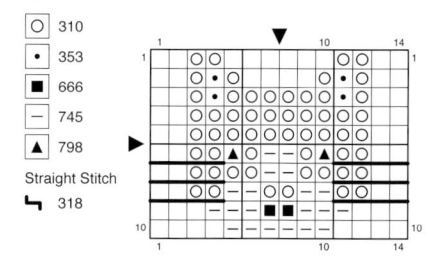

❸ 猫シルエット A
- ■ 310

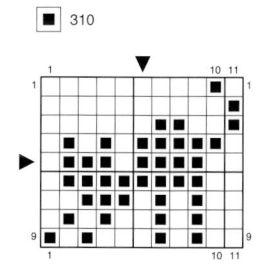

❹ ドラ猫
- ◆ 300
- ● 310
- ∧ 318
- ■ 666
- ○ 970

Straight Stitch
↳ 415

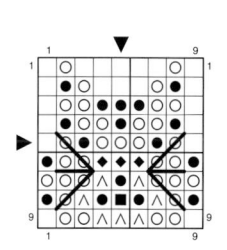

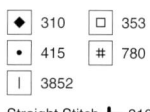

❺ 猫シルエット B
- ■ 310

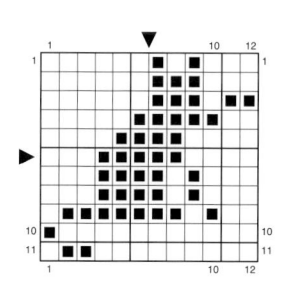

❻ 三毛猫 B
- ◆ 310
- □ 353
- • 415
- # 780
- | 3852

Straight Stitch ↳ 310

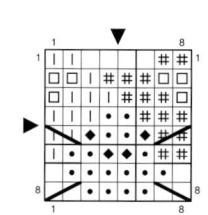

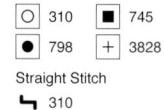

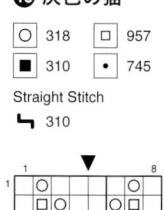

❼ 缶詰
- ■ 415
- # 318
- ○ 666
- V 798

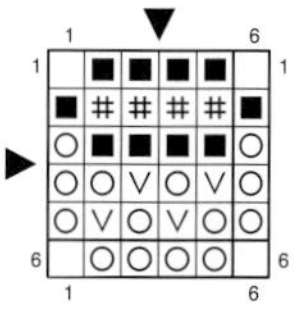

❽ 猫シルエット C
- ■ 310

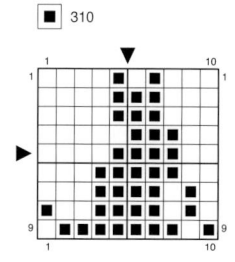

❾ 猫 B
- ○ 310
- ■ 745
- ● 798
- + 3828

Straight Stitch
↳ 310

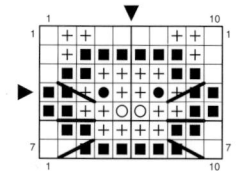

❿ 灰色の猫
- ○ 318
- □ 957
- ■ 310
- • 745

Straight Stitch
↳ 310

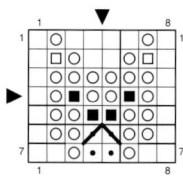

⓫ 猫シルエット D
- ■ 310

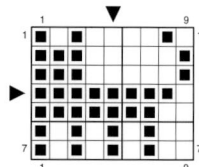

⓬ 黒猫

- ○ 310
- ◎ 700
- · 745
- ■ 957

Straight Stitch
- ↳ 310
- ⋯ 415

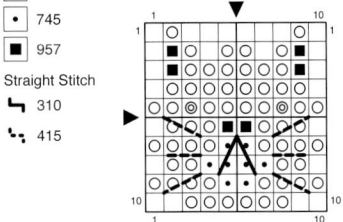

⓭ シャム猫

- # 318
- ■ 415
- ◎ 700
- □ 310
- ○ 666

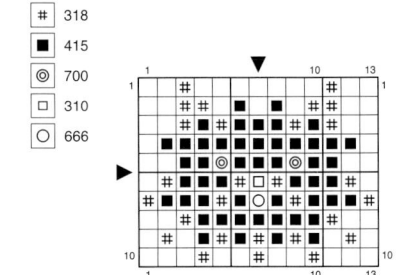

⓮ 猫シルエット E

- ■ 310

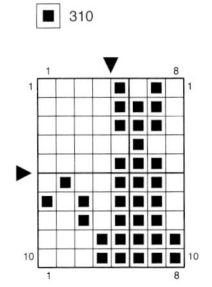

⓯ しましま猫

- ■ 310
- · 745
- ○ 780
- □ 957
- ◎ 3852

Straight Stitch
- ↳ 310

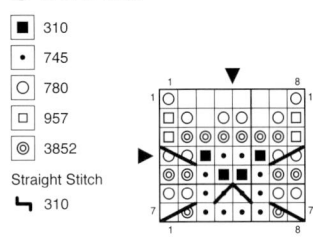

⓰ 猫シルエット F

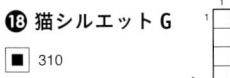

- ■ 310

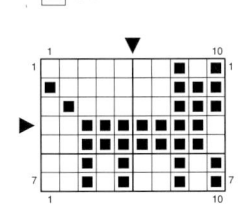

⓱ お座り黒猫

- ○ 310
- ✱ 742
- | 300
- # 666
- · 798

Straight Stitch
- ↳ 415

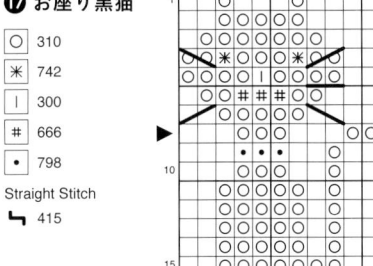

⓲ 猫シルエット G

- ■ 310

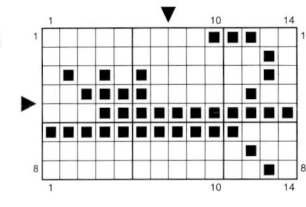

⓳ 魚の骨

- ◎ 310
- ■ 318
- ✕ 798

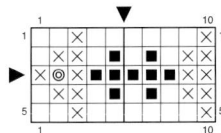

⓴ びっくり猫

- ○ 310
- ● 318
- # 666
- ✱ 742

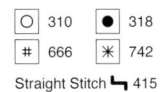

Straight Stitch ↳ 415

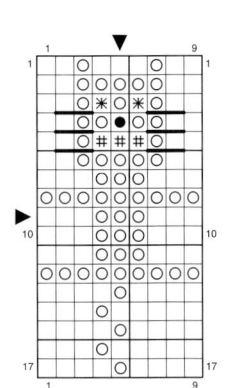

㉑ 足跡

- ● 535

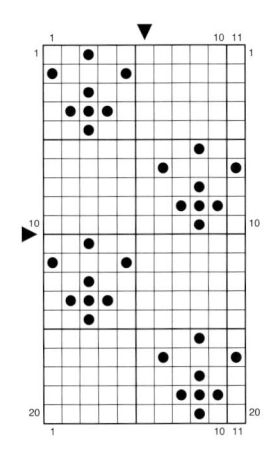

㉒ ハムスター A

- ■ 310
- # 353
- ▲ 780
- — 3033
- ● 3828
- ○ 3852

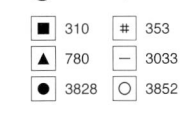

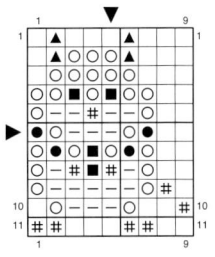

64

㉓ ハムスター B
- × 310
- ○ 353
- □ 780
- ◎ 3033
- ■ 3852

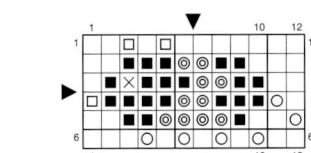

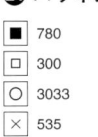

㉔ ハリネズミ
- ■ 780
- □ 300
- ○ 3033
- × 535

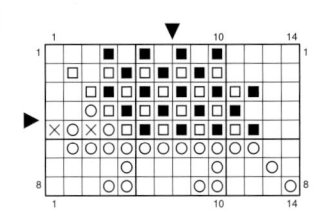

㉕ ウサギ A
- ● 310
- ✱ 666
- ○ 3033

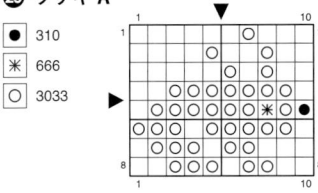

㉖ ウサギ B
- ● 310
- ■ 415
- ✱ 666
- ○ 3033

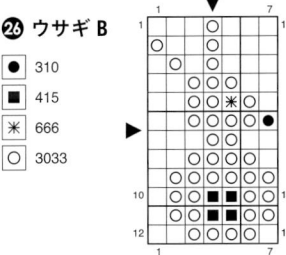

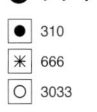

㉗ ウサギ C
- ● 310
- ✱ 666
- ○ 3033

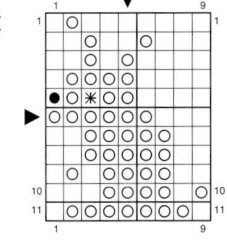

㉘ ネズミ
- ○ 3033
- □ 353
- ● 310
- × 535

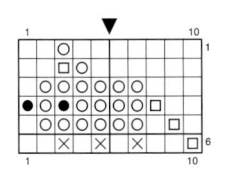

㉙ ひよこ A
- ▼ 970
- ○ 310
- × 742
- ● 157

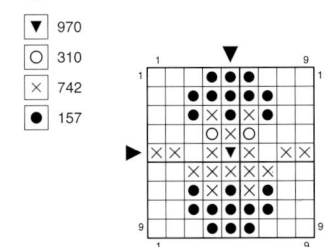

㉚ ひよこ B
- ● 157
- ○ 310
- × 742
- ▼ 970

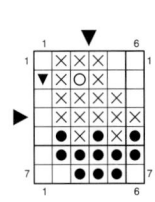

㉛ ひよこ C
- ● 157
- ○ 310
- × 742
- # 780
- ▼ 970

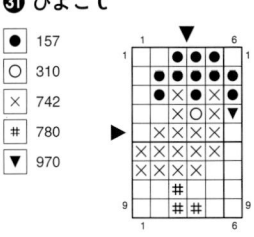

㉜ ひよこ D
- ○ 310
- × 742
- # 780
- ▼ 970

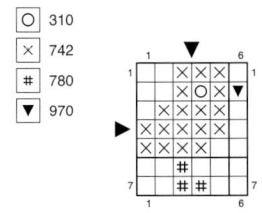

㉝ ニワトリ
- ✱ 666
- □ 3033
- ● 310
- × 742

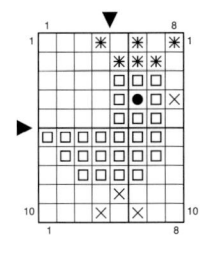

16 ペットショップ バラエティ
Pet Shop, Variety

糸：DMC25番刺しゅう糸／2本取り
布：DMC アイーダ 14ct ／ Blanc（白）

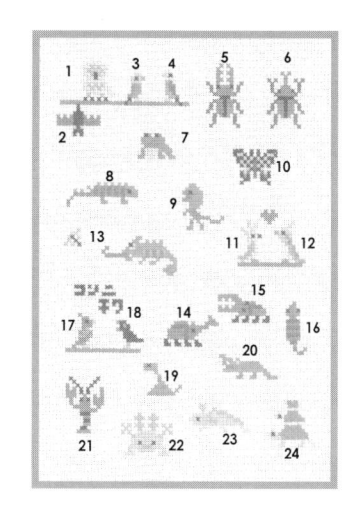

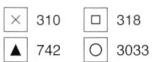

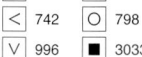

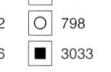

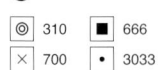

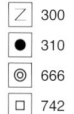

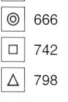

❶ フクロウ
- × 310
- ▲ 742
- □ 318
- ○ 3033

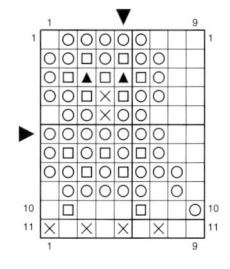

❷ コウモリ
- + 310
- ○ 535
- □ 742

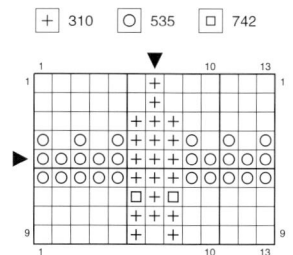

❸ インコ A
- ◇ 310
- × 700
- ○ 906
- ■ 353
- □ 742
- ◣ 970

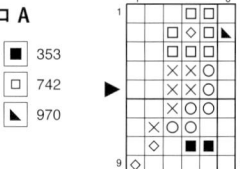

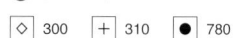

❹ インコ B
- + 310
- < 742
- V 996
- ・ 353
- ○ 798
- ■ 3033

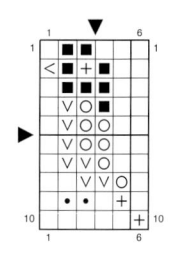

❺ クワガタ A
- ◇ 300
- + 310
- ● 780

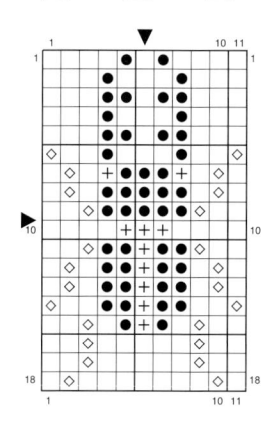

❻ カブトムシ A
- + 310
- ● 780
- ○ 300

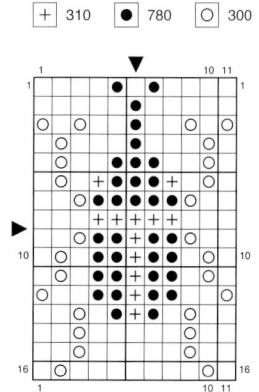

❼ カエル
- ◎ 310
- × 700
- ■ 666
- ・ 3033

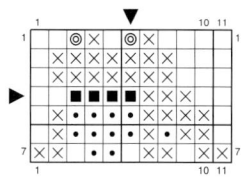

❽ イグアナ
- ◎ 310
- × 700
- ▲ 906
- ■ 3345

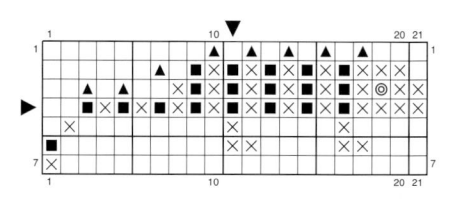

❾ エリマキトカゲ
- + 310
- ◁ 970
- ■ 780
- ○ 666

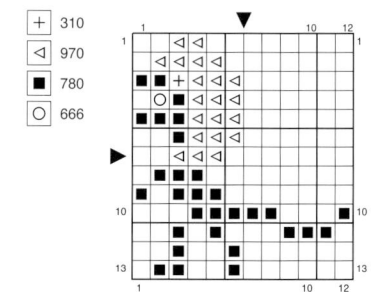

❿ アゲハチョウ
- ∕ 300
- ● 310
- ◎ 666
- □ 742
- △ 798

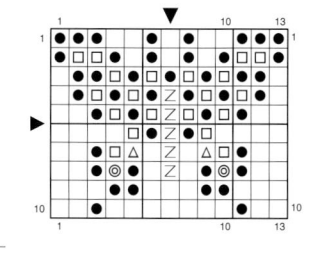

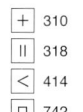

⓫ インコ C
- + 310
- ∥ 318
- < 414
- □ 742
- ○ 3033

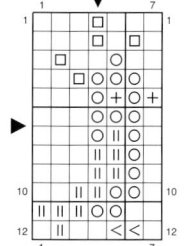

⓬ インコ D
- + 310
- □ 742
- ◀ 970
- ∥ 318
- < 414
- ⊔ 745

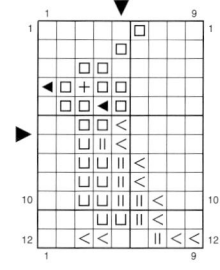

⓭ カメレオン

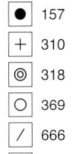

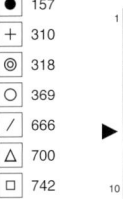

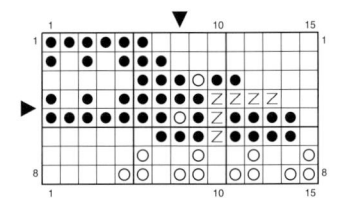

●	157
+	310
◎	318
○	369
/	666
△	700
□	742
✳	906

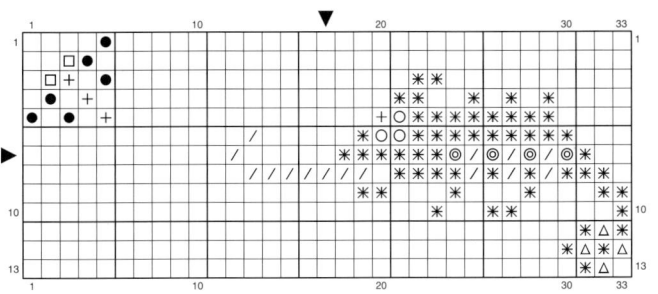

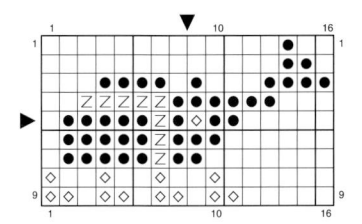

⓮ カブトムシ B

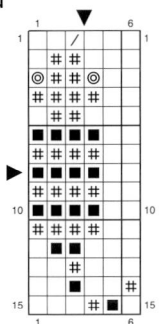

Z	300	◇	310	●	780

⓯ クワガタ B

Z	300	○	310	●	780

⓰ ツチノコ

◎	310
#	780
/	666
■	300

⓱ インコ D

+	310
○	666
□	742
✳	906
V	996

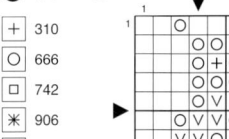

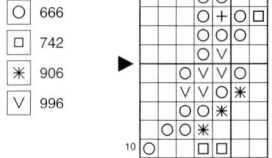

⓲ 九官鳥

○	310	‖	318	□	742	◀	970	■	996

⓳ ヘビ

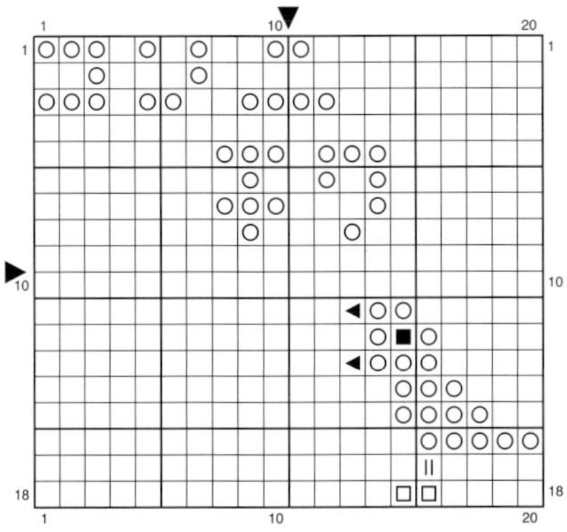

+	310	×	700
■	906		

⓴ ワニ

□	742	×	700	●	906
▽	3033	/	666		

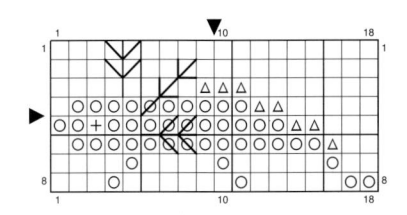

㉑ ザリガニ

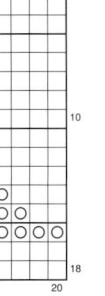

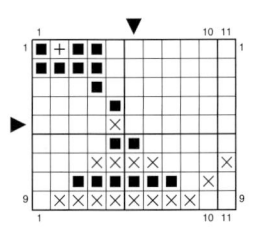

+	310	■	666

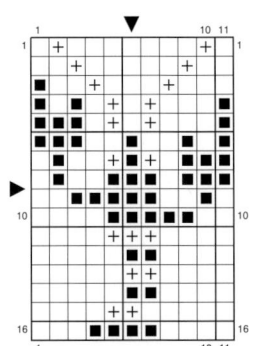

㉒ ウーパールーパー A

+	310	○	353	▲	957	■	352

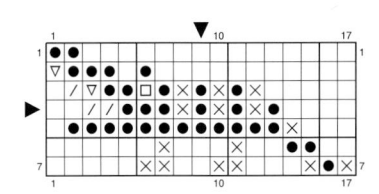

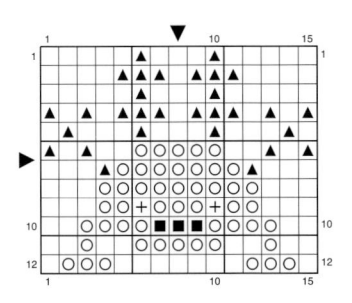

㉓ ウーパールーパー B

+	310	○	353	△	957

Straight Stitch ↳ 352

㉔ カメの親子

◎	310
■	700
✳	906
□	676

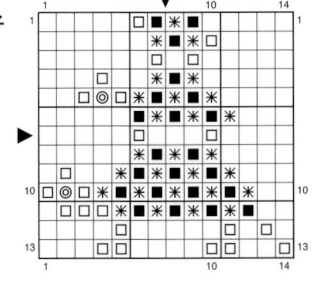

67

17 魚屋さん
Fish Market

糸：DMC25番刺しゅう糸／2本取り
布：DMC アイーダ 14ct ／ Blanc（白）

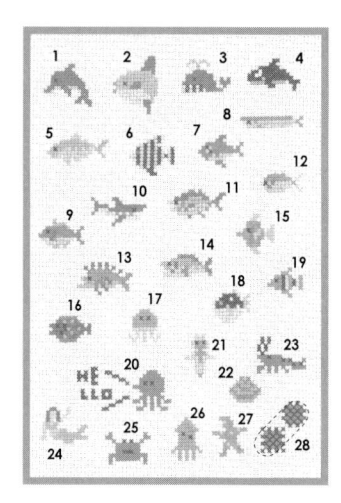

❶ イルカ
- × 798
- □ 310
- # 415

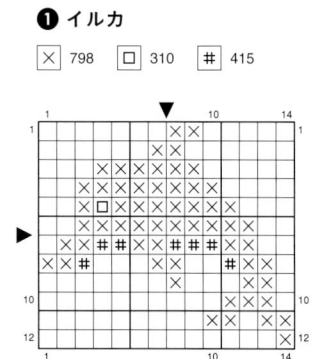

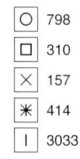

❷ マンボウ
- ○ 798
- □ 310
- × 157
- ✳ 414
- | 3033

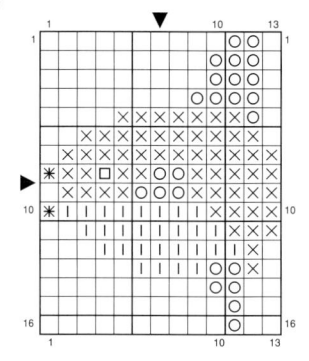

❸ クジラ
- ○ 798
- □ 310
- × 157
- | 3033

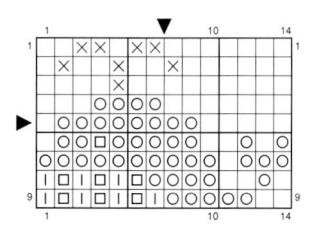

❹ シャチ
- □ 310
- • 318
- # BLANC

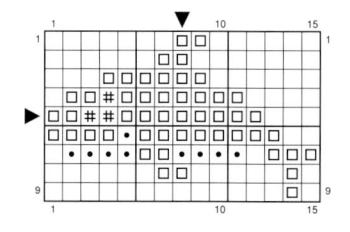

❺ ハマチA
- × 157
- □ 310
- ○ 318
- − 415
- ▲ 742

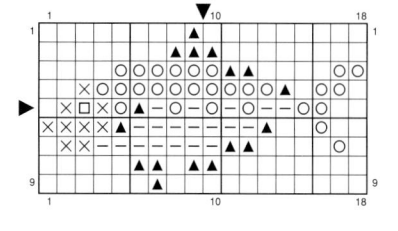

❻ シマダイ
- □ 310
- E 415
- ○ 798

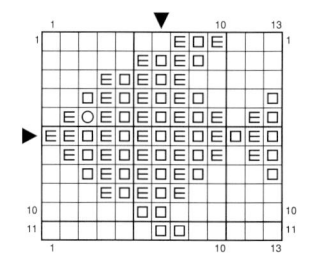

❼ 金目鯛
- □ 310
- ‖ 353
- ○ 498
- ✳ 666
- | 742

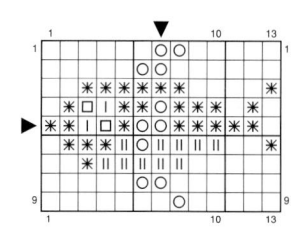

❽ さんま
- □ 310
- ✳ 414
- − 415

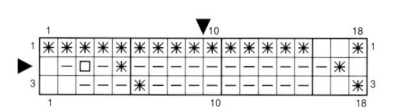

❾ 鯛
- < 300
- − 310
- ○ 352
- # 415
- ■ 666
- + 970

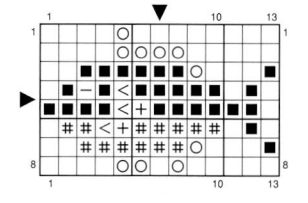

❿ サメ
- ○ 310
- ▲ 414
- ✳ 798
- V 3033

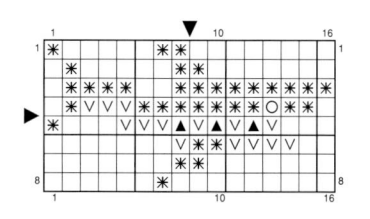

⓫ カツオ
- ○ 157
- ● 310
- ■ 414
- △ 415
- ✳ 798

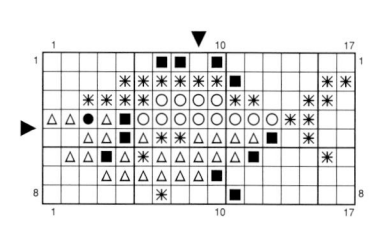

⑫ ハマチ B
- □ 310
- ■ 414
- E 415
- ∧ 535
- ○ 676
- | 742

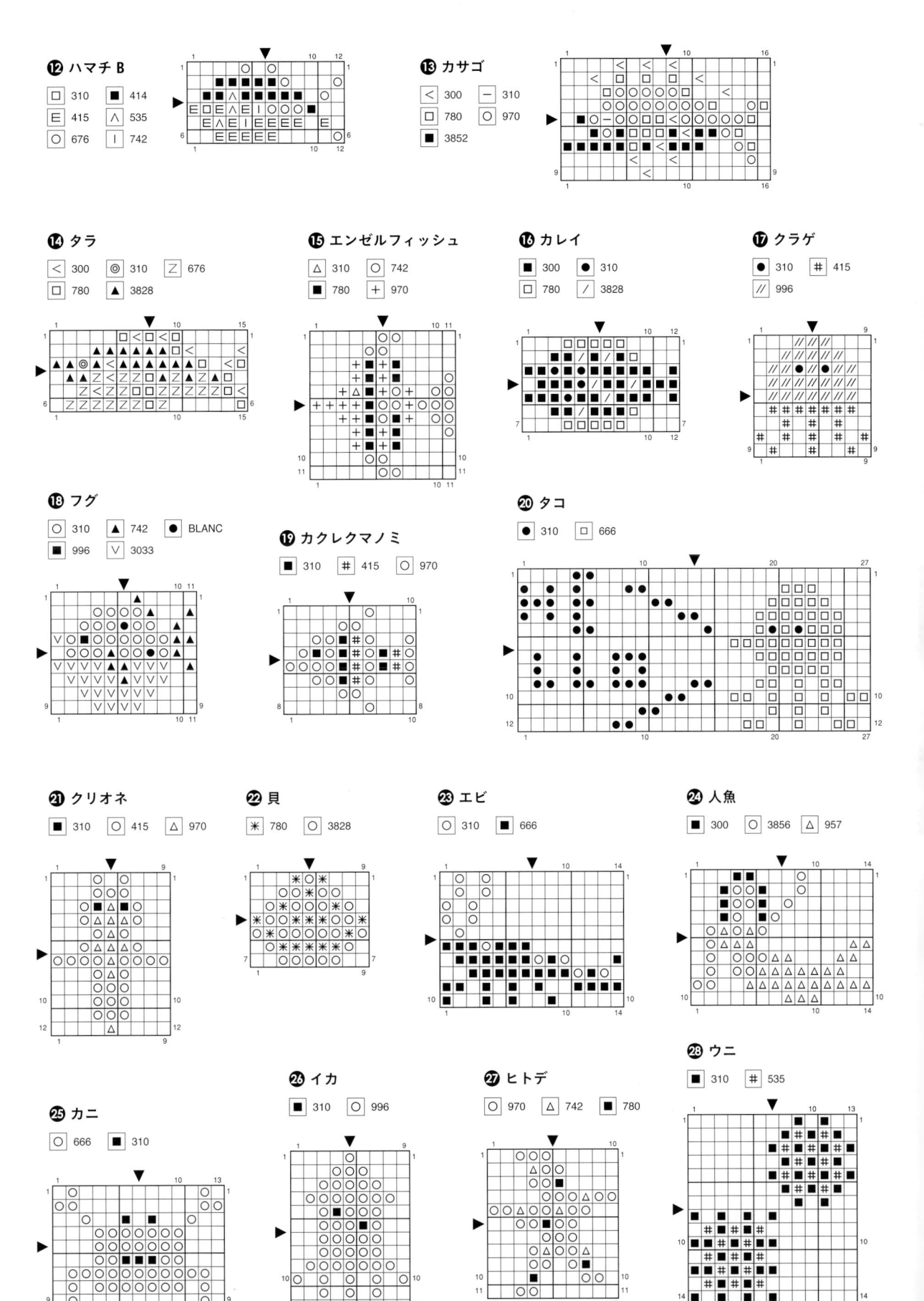

⑬ カサゴ
- < 300
- — 310
- □ 780
- ○ 970
- ■ 3852

⑭ タラ
- < 300
- ◎ 310
- Z 676
- □ 780
- ▲ 3828

⑮ エンゼルフィッシュ
- △ 310
- ○ 742
- ■ 780
- + 970

⑯ カレイ
- ■ 300
- ● 310
- □ 780
- / 3828

⑰ クラゲ
- ● 310
- # 415
- // 996

⑱ フグ
- ○ 310
- ▲ 742
- ● BLANC
- ■ 996
- V 3033

⑲ カクレクマノミ
- ■ 310
- # 415
- ○ 970

⑳ タコ
- ● 310
- □ 666

㉑ クリオネ
- ■ 310
- ○ 415
- △ 970

㉒ 貝
- ✳ 780
- ○ 3828

㉓ エビ
- ○ 310
- ■ 666

㉔ 人魚
- ■ 300
- ○ 3856
- △ 957

㉕ カニ
- ○ 666
- ■ 310

㉖ イカ
- ■ 310
- ○ 996

㉗ ヒトデ
- ○ 970
- △ 742
- ■ 780

㉘ ウニ
- ■ 310
- # 535

18 カフェ&レストラン
Cafe & Restaurant

糸：DMC25番刺しゅう糸／2本取り
布：DMC アイーダ 14ct ／ Blanc（白）

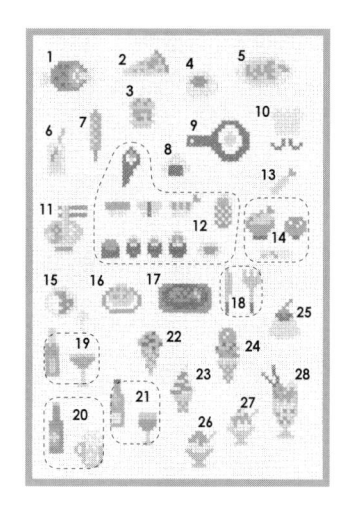

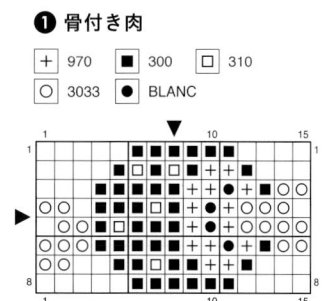

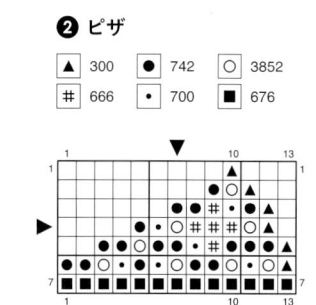

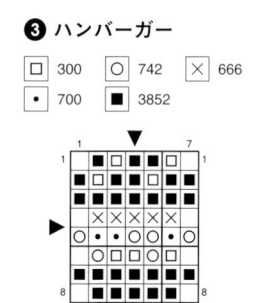

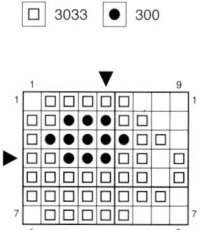

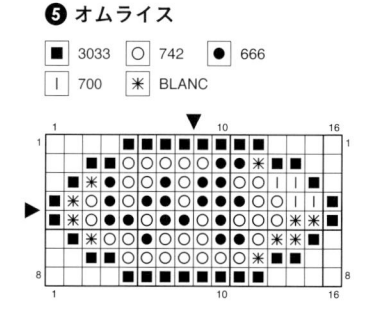

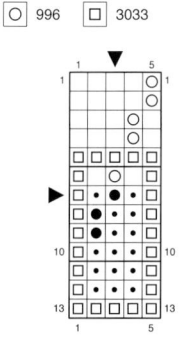

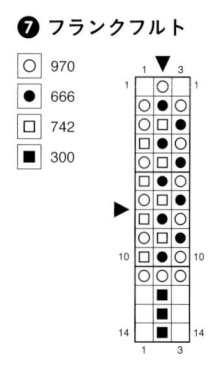

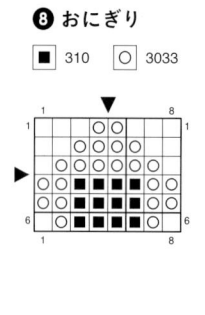

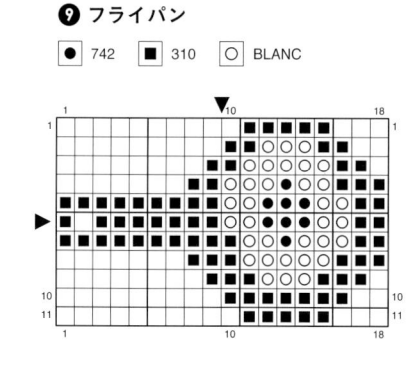

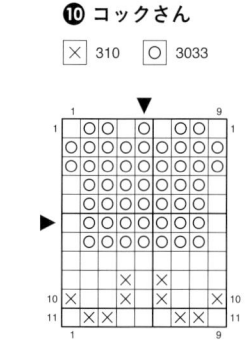

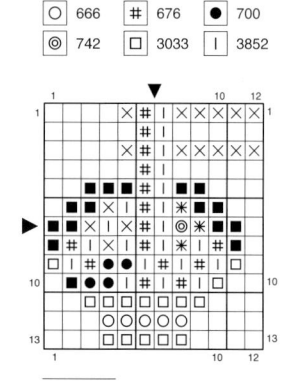

❶ 骨付き肉
❷ ピザ
❸ ハンバーガー
❹ コーヒー
❺ オムライス
❻ オレンジジュース
❼ フランクフルト
❽ おにぎり
❾ フライパン
❿ コックさん
⓫ ラーメン
⓬ お寿司

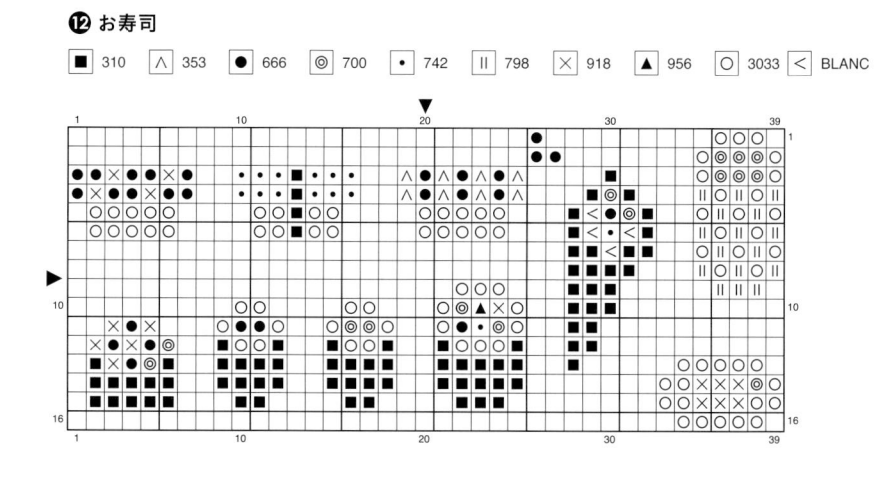

⑬ エビ天
- ■ 666
- □ 742

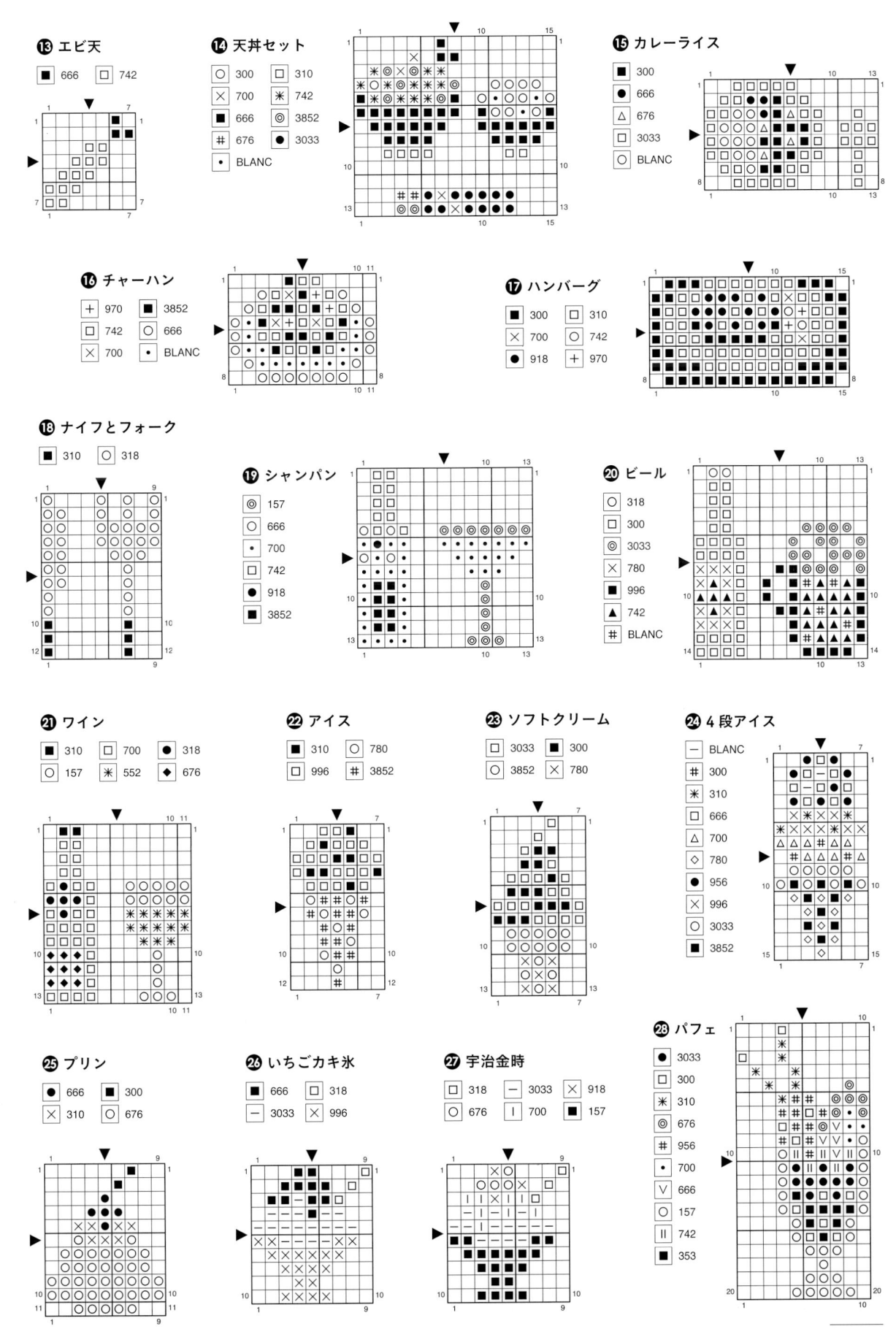

⑭ 天丼セット
- ○ 300
- □ 310
- × 700
- ✳ 742
- ■ 666
- ◎ 3852
- ♯ 676
- ● 3033
- • BLANC

⑮ カレーライス
- ■ 300
- ● 666
- △ 676
- □ 3033
- ○ BLANC

⑯ チャーハン
- + 970
- ■ 3852
- □ 742
- ○ 666
- × 700
- • BLANC

⑰ ハンバーグ
- ■ 300
- □ 310
- × 700
- ○ 742
- ● 918
- + 970

⑱ ナイフとフォーク
- ■ 310
- ○ 318

⑲ シャンパン
- ◎ 157
- ○ 666
- • 700
- □ 742
- ● 918
- ■ 3852

⑳ ビール
- ○ 318
- □ 300
- ◎ 3033
- × 780
- ■ 996
- ▲ 742
- ♯ BLANC

㉑ ワイン
- ■ 310
- □ 700
- ● 318
- ○ 157
- ✳ 552
- ◆ 676

㉒ アイス
- ■ 310
- ○ 780
- □ 996
- ♯ 3852

㉓ ソフトクリーム
- □ 3033
- ■ 300
- ○ 3852
- × 780

㉔ 4段アイス
- − BLANC
- ♯ 300
- ✳ 310
- □ 666
- △ 700
- ◇ 780
- ● 956
- × 996
- □ 3033
- ■ 3852

㉕ プリン
- ● 666
- ■ 300
- × 310
- ○ 676

㉖ いちごカキ氷
- ■ 666
- □ 318
- − 3033
- × 996

㉗ 宇治金時
- □ 318
- − 3033
- × 918
- ○ 676
- | 700
- ■ 157

㉘ パフェ
- ● 3033
- □ 300
- ✳ 310
- ◎ 676
- ♯ 956
- • 700
- V 666
- ○ 157
- ‖ 742
- ■ 353

19 ケーキ屋さん
Cake Shop

糸：DMC25番刺しゅう糸／2本取り
布：DMCアイーダ14ct／Blanc（白）

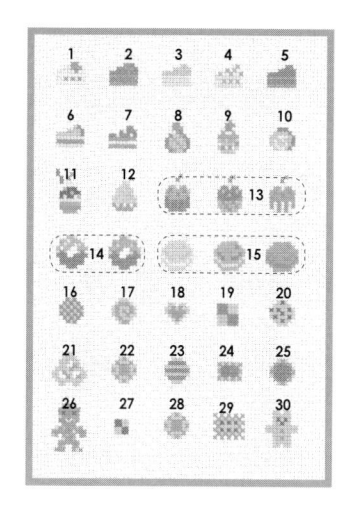

❶ ショートケーキ
- ● 666
- ▲ 700
- □ 3033
- × 745

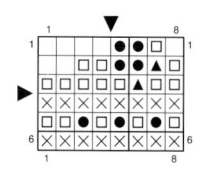

❷ チョコレートショートケーキ
- ● 666
- ✳ 300
- ◎ 700
- □ 780

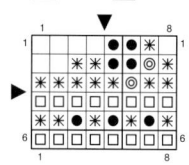

❸ チーズケーキ
- # 3852
- ・ 676

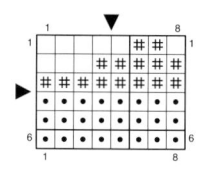

❹ フルーツケーキ
- ・ 676
- ■ 956
- ● 996
- ○ 906
- ＋ 970
- □ 3033

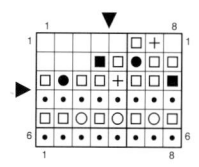

❺ チョコレートケーキ
- ✳ 300
- ■ 780

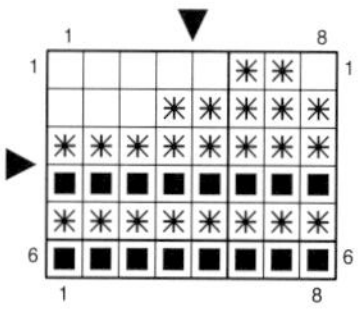

❻ ブルーベリーケーキ
- ■ 300
- ・ 676
- ● 552
- □ 3852

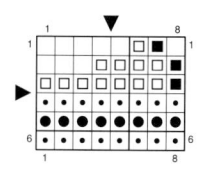

❼ チョコレートシフォンケーキ
- □ 3033
- ✳ 300
- ｜ 780

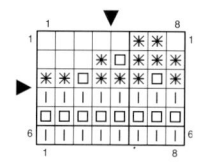

❽ ケーキA
- ＋ 970
- □ 3033
- ■ 300
- ◎ 906
- ○ 666
- ─ 700
- ✳ 3852

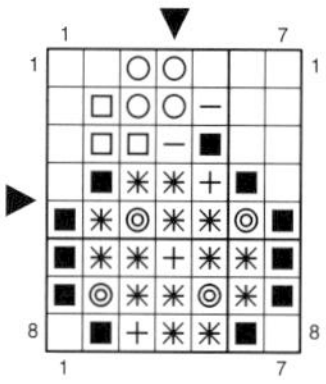

❾ ケーキB
- ・ 666
- ■ 956
- ○ 700
- ◎ 3033
- □ 3852

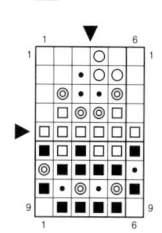

❿ ロールケーキ
- ■ 300
- ○ 3852
- ✳ 3033

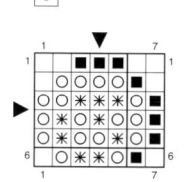

⓫ ケーキC
- ○ 666
- ▲ 700
- × 300
- # 745
- ・ 996
- ■ 310
- ∧ 676
- ‖ 956

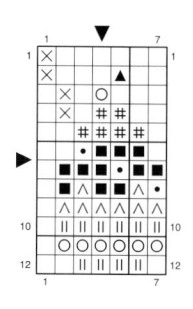

⓬ モンブラン
- □ 742
- ○ 3852
- × 3033
- ■ 780

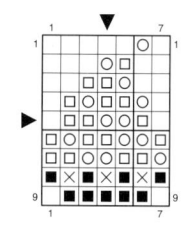

⓭ カップケーキ
- ✳ 300
- ■ 535
- ● 700
- ｜ 956
- ∨ 3033
- ◎ 318
- □ 666
- ○ 745
- × 996

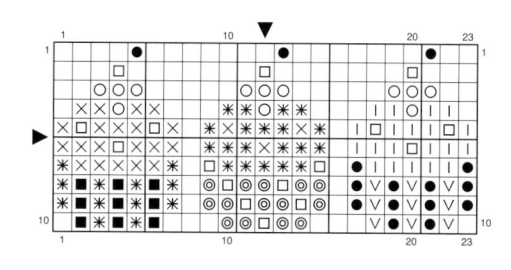

⑭ ドーナツ

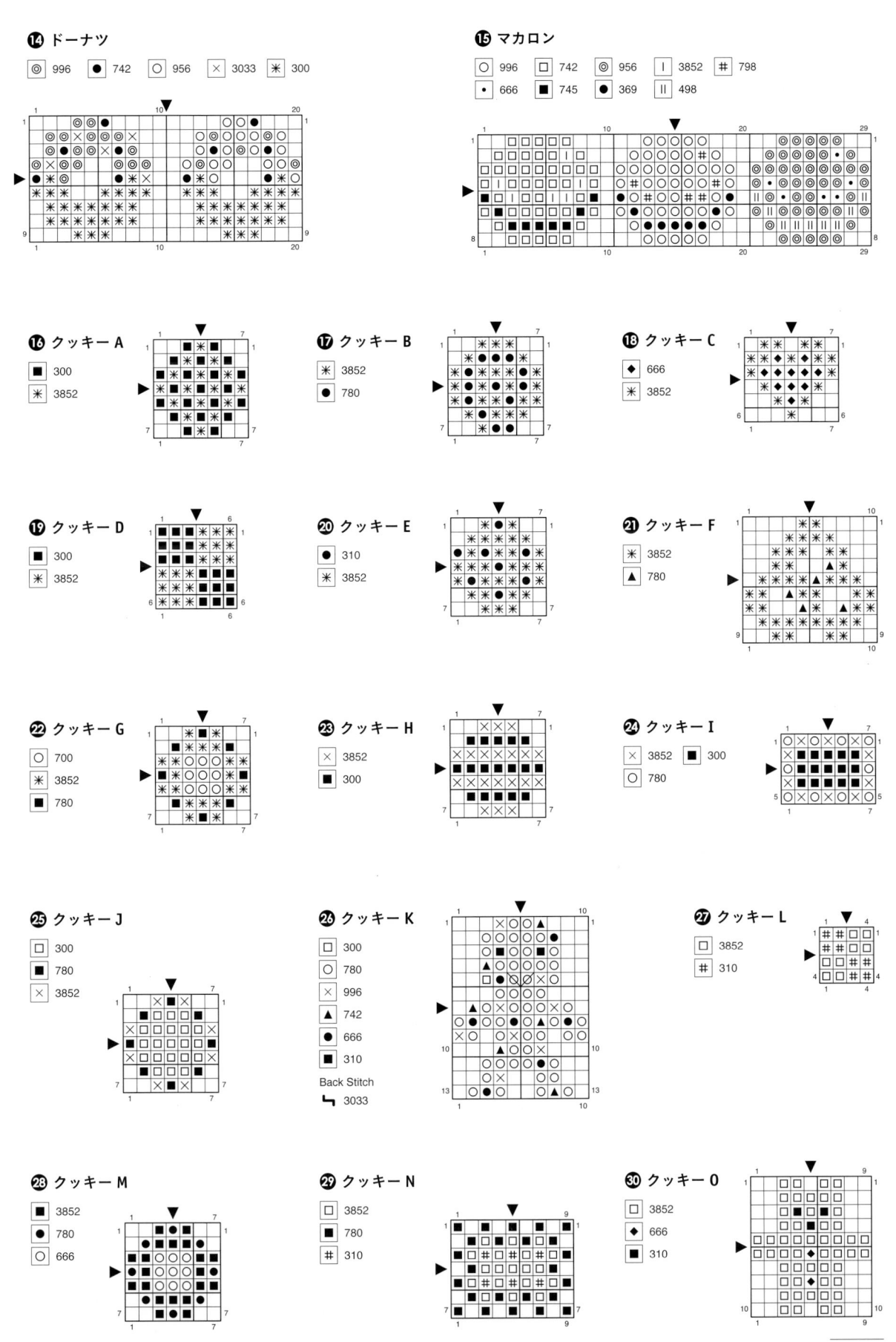

| ◎ | 996 | ● | 742 | ○ | 956 | × | 3033 | ✱ | 300 |

⑮ マカロン

| ○ | 996 | □ | 742 | ◎ | 956 | I | 3852 | # | 798 |
| · | 666 | ■ | 745 | ● | 369 | ‖ | 498 |

⑯ クッキー A
- ■ 300
- ✱ 3852

⑰ クッキー B
- ✱ 3852
- ● 780

⑱ クッキー C
- ◆ 666
- ✱ 3852

⑲ クッキー D
- ■ 300
- ✱ 3852

⑳ クッキー E
- ● 310
- ✱ 3852

㉑ クッキー F
- ✱ 3852
- ▲ 780

㉒ クッキー G
- ○ 700
- ✱ 3852
- ■ 780

㉓ クッキー H
- × 3852
- ■ 300

㉔ クッキー I
- × 3852
- ■ 300
- ○ 780

㉕ クッキー J
- □ 300
- ■ 780
- × 3852

㉖ クッキー K
- □ 300
- ○ 780
- × 996
- ▲ 742
- ● 666
- ■ 310

Back Stitch
↳ 3033

㉗ クッキー L
- □ 3852
- # 310

㉘ クッキー M
- ■ 3852
- ● 780
- ○ 666

㉙ クッキー N
- □ 3852
- ■ 780
- # 310

㉚ クッキー O
- □ 3852
- ◆ 666
- ■ 310

73

20 八百屋さん
Fruit & Vegetable Shop

糸：DMC25番刺しゅう糸／2本取り
布：DMCアイーダ14ct／Blanc（白）

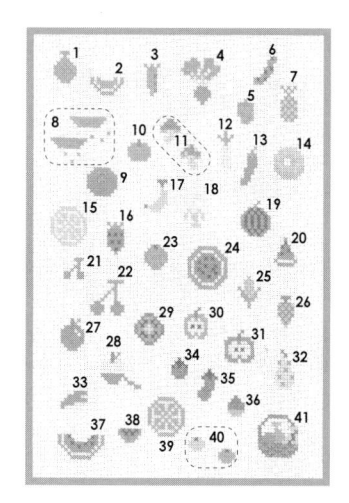

❶ メロンA
- ○ 700
- ■ 958

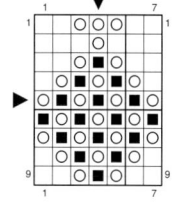

❷ メロンB
- ○ 970
- ■ 700
- − 745

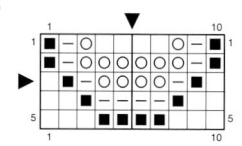

❸ ニンジン
- ○ 970
- △ 700
- × 300

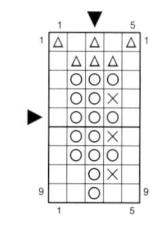

❹ カブ
- ■ 700
- □ 958
- ✳ 369
- ○ 666

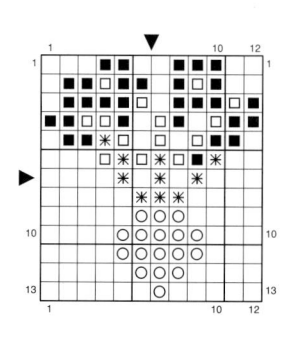

❺ ピーマン
- ■ 700
- ○ 906

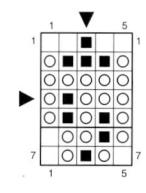

❻ キュウリ
- ○ 700
- # 310

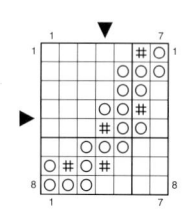

❼ パイナップル
- ■ 700
- • 780
- V 742

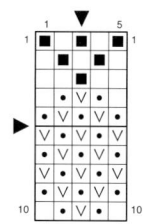

❽ 枝豆
- ○ 906
- ■ 700

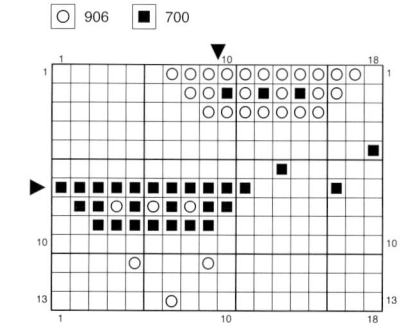

❾ トマト
- ■ 700
- ○ 666

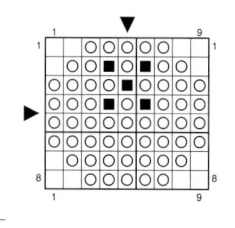

❿ 柿
- ■ 300
- # 700
- ○ 970

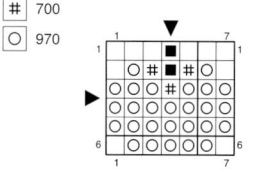

⓫ キノコ
- △ 666
- × 798
- ■ 3828
- ○ 676
- # 742
- • 552

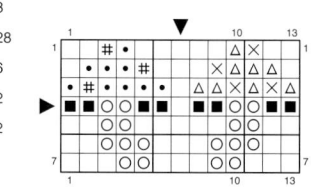

74

⑫ 大根
■ 700　○ 745

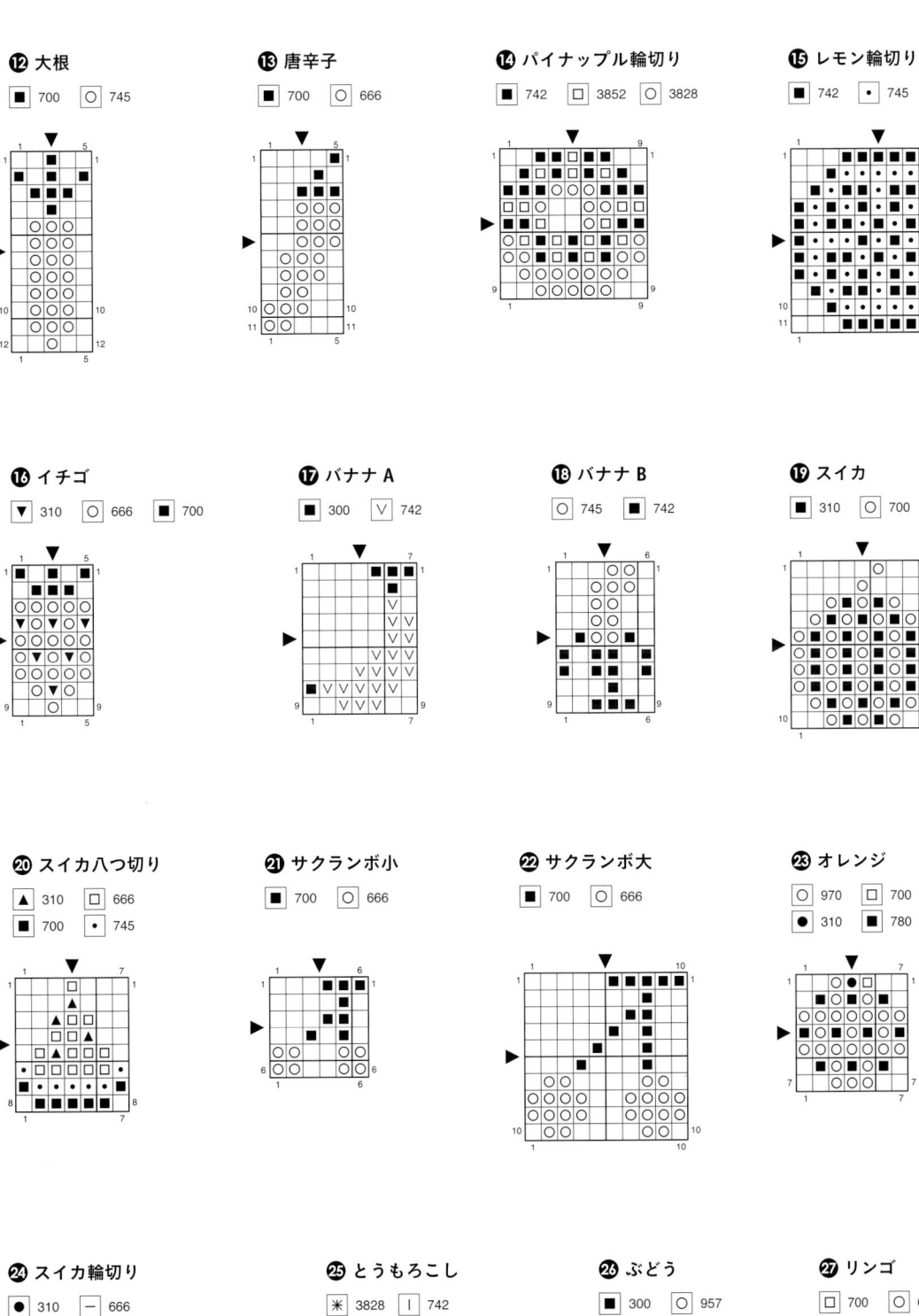

⑬ 唐辛子
■ 700　○ 666

⑭ パイナップル輪切り
■ 742　□ 3852　○ 3828

⑮ レモン輪切り
■ 742　・ 745

⑯ イチゴ
▼ 310　○ 666　■ 700

⑰ バナナ A
■ 300　V 742

⑱ バナナ B
○ 745　■ 742

⑲ スイカ
■ 310　○ 700

⑳ スイカ八つ切り
▲ 310　□ 666　■ 700　・ 745

㉑ サクランボ小
■ 700　○ 666

㉒ サクランボ大
■ 700　○ 666

㉓ オレンジ
○ 970　□ 700　● 310　■ 780

㉔ スイカ輪切り
● 310　− 666　■ 700　○ 745

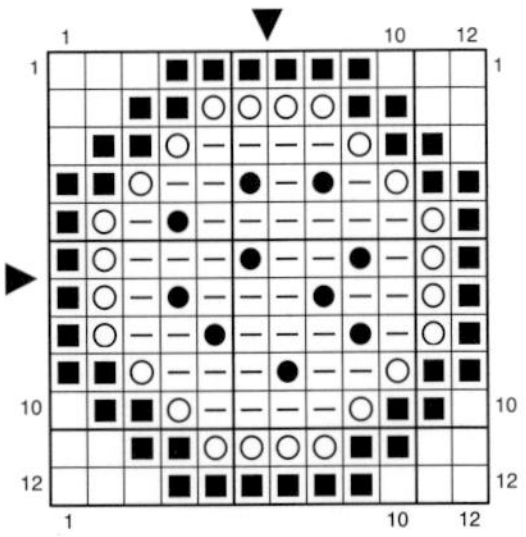

㉕ とうもろこし
✳ 3828　| 742　● 700　■ 780

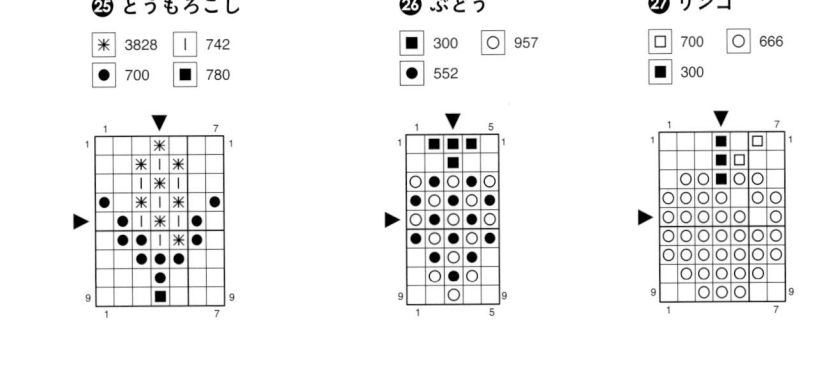

㉖ ぶどう
■ 300　○ 957　● 552

㉗ リンゴ
□ 700　○ 666　■ 300

㉘ リンゴむきかけ
- ■ 300　○ 666
- □ 700　・ 745

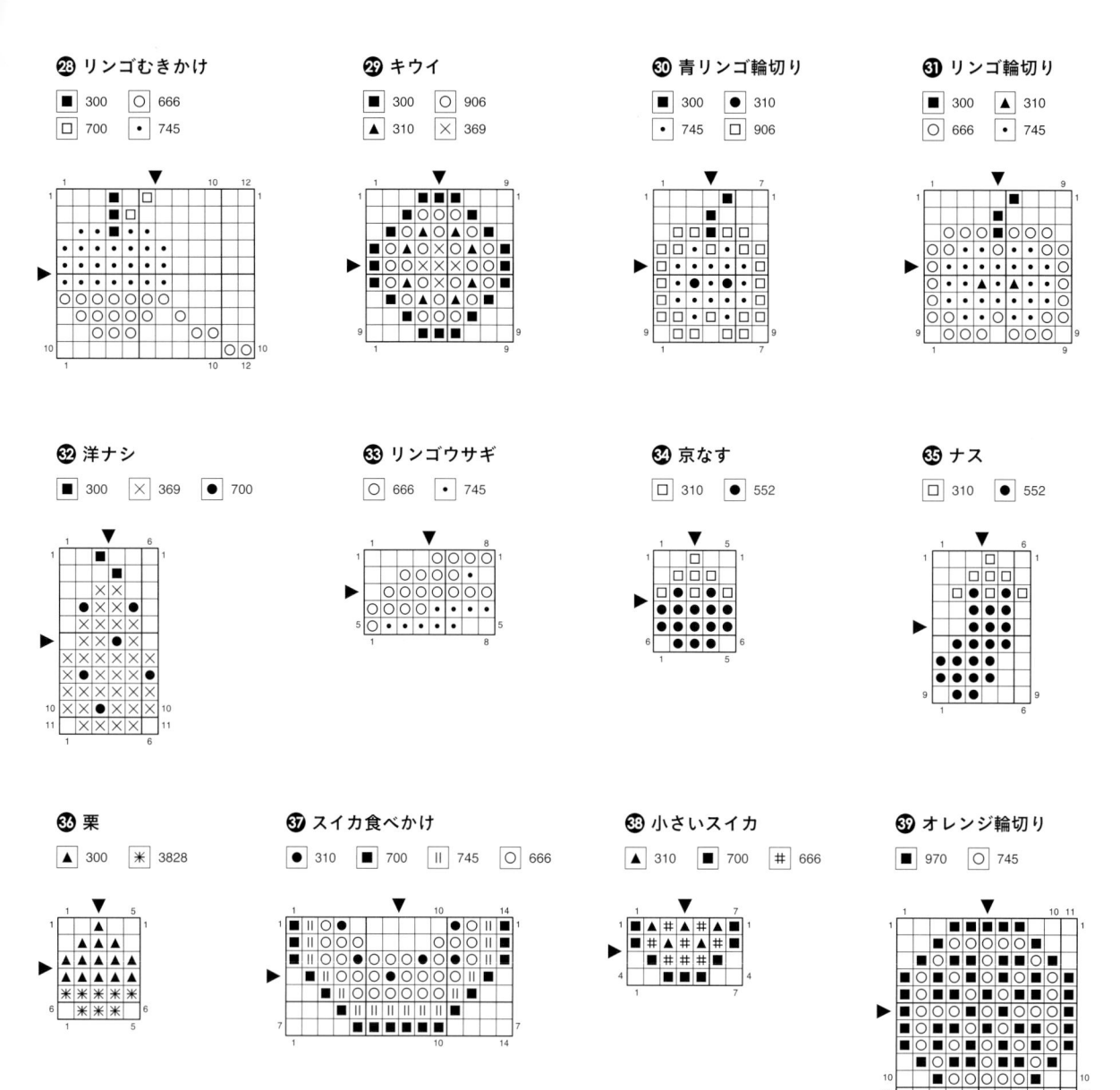

㉙ キウイ
- ■ 300　○ 906
- ▲ 310　✕ 369

㉚ 青リンゴ輪切り
- ■ 300　● 310
- ・ 745　□ 906

㉛ リンゴ輪切り
- ■ 300　▲ 310
- ○ 666　・ 745

㉜ 洋ナシ
- ■ 300　✕ 369　● 700

㉝ リンゴウサギ
- ○ 666　・ 745

㉞ 京なす
- □ 310　● 552

㉟ ナス
- □ 310　● 552

㊱ 栗
- ▲ 300　✳ 3828

㊲ スイカ食べかけ
- ● 310　■ 700　∥ 745　○ 666

㊳ 小さいスイカ
- ▲ 310　■ 700　# 666

㊴ オレンジ輪切り
- ■ 970　○ 745

㊵ みかん
- ■ 310
- ○ 742
- + 970

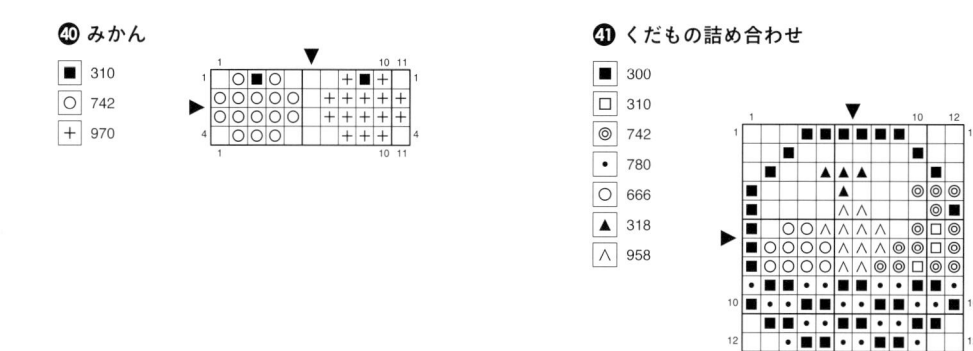

㊶ くだもの詰め合わせ
- ■ 300
- □ 310
- ◉ 742
- ・ 780
- ○ 666
- ▲ 318
- ∧ 958

21 電気屋さん
Electric Appliance Shop

糸：DMC25番刺しゅう糸／2本取り
布：DMCアイーダ14ct／Blanc（白）

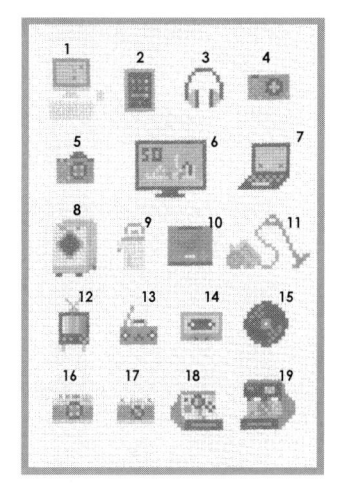

❶ パソコン

□	157
｜	300
◎	318
#	415
■	535
◆	742
●	798
×	906
✳	957
○	3033

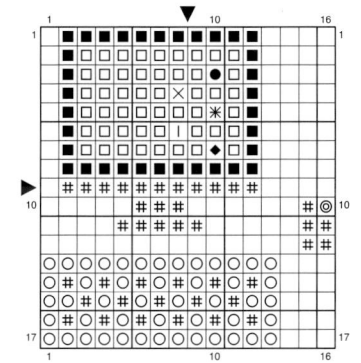

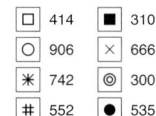

❷ 最新携帯電話

□	414	■	310
○	906	×	666
✳	742	◎	300
#	552	●	535
V	798		

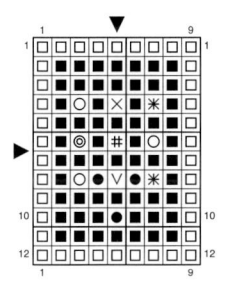

❸ ヘッドフォン

●	310
□	318

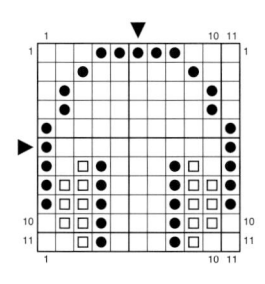

❹ デジカメ A

○	157	■	310
×	414	□	535

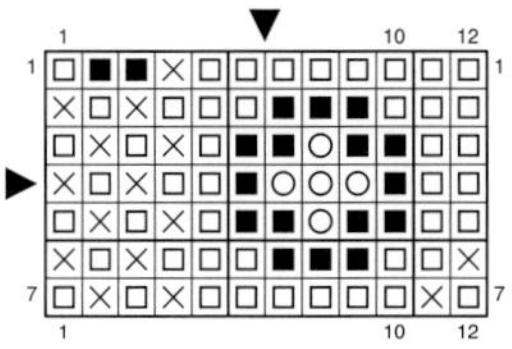

❺ デジカメ B

■	310
▲	318
□	535
×	666
✳	414
○	157
#	798
◎	3021

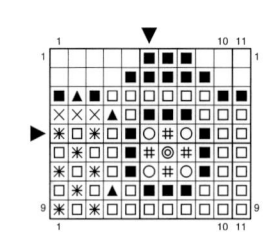

❻ 最新薄型テレビ

■	310	•	996	○	3856
●	666	✳	318		

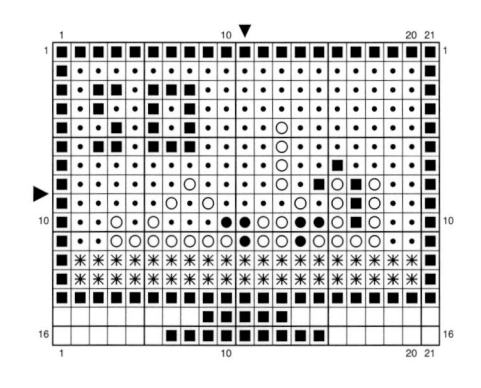

❼ ノートパソコン

■	310	□	157	▲	300
×	742	◣	957	●	798
○	414	•	415		

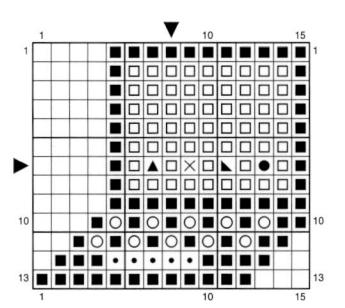

❽ 洗濯機

◎	310	■	318	○	414
▲	666	×	742	−	906
□	3033				

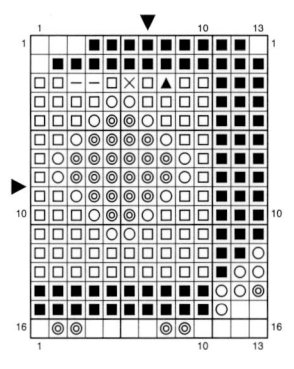

❾ ポット
- ■ 414
- □ 3033
- ○ 157

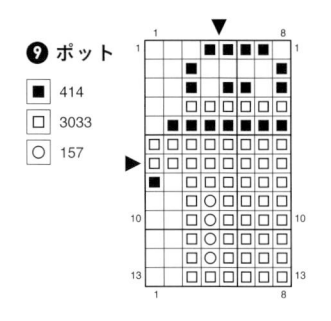

❿ オーブンレンジ
- ● 300
- ■ 310
- · 369
- ○ 414
- | 535
- × 666

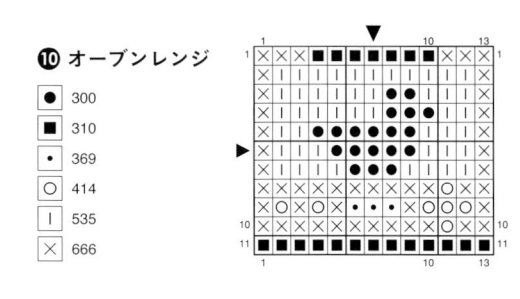

⓫ 掃除機
- ○ 157
- ✳ 318
- □ 414
- ■ 535
- ● 742

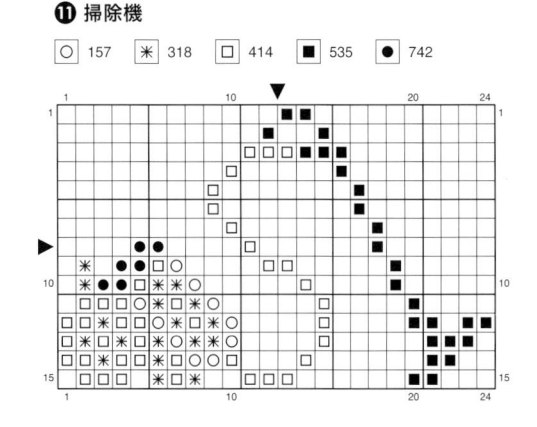

⓬ 古いテレビ
- □ 414
- — 742
- × 318
- ■ 310
- ◇ 3033
- # 996
- · 906
- V 957
- ○ 666
- ‖ 798

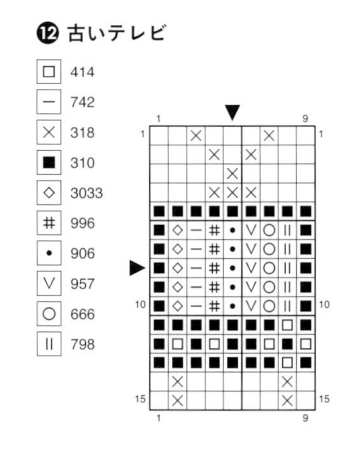

⓭ ラジカセ
- ⊠ 310
- □ 318
- ○ 414
- ✳ 535
- ■ 666
- · BLANC

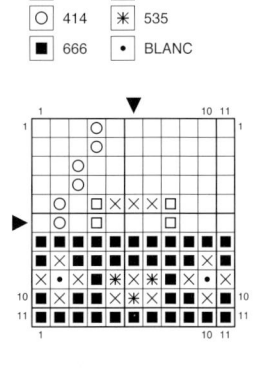

⓮ カセットテープ
- ■ 906
- □ 742
- ○ 310
- × 700

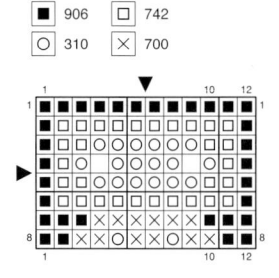

⓯ レコード
- ● 310
- × 535
- □ 666

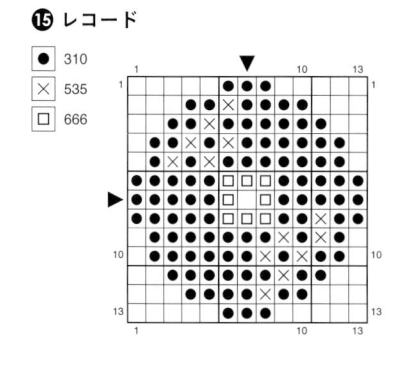

⓰ カメラA
- ○ 414
- □ 535
- ✳ 415
- ● 996
- ■ 310
- | 157
- # 798

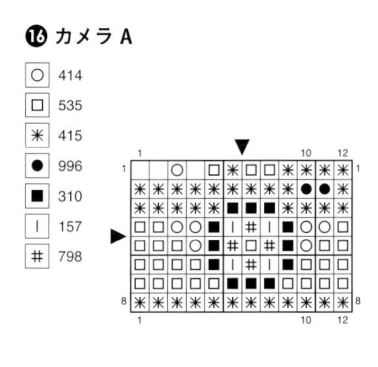

⓱ カメラB
- ○ 157
- ✳ 310
- ■ 414
- □ 415
- ● 535
- × 666
- # 798

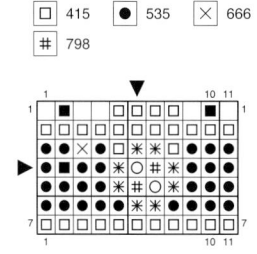

⓲ カメラC
- ● 157
- ■ 310
- ✳ 535
- × 666
- ∧ 700
- V 742
- ○ 745
- # 798
- · 3033

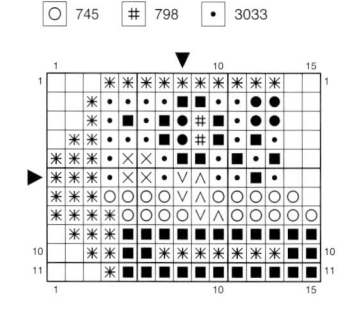

⓳ カメラD
- · 157
- ■ 310
- # 318
- ◎ 414
- □ 535
- ○ 666
- × 700
- ✳ 742
- V 798
- | 996

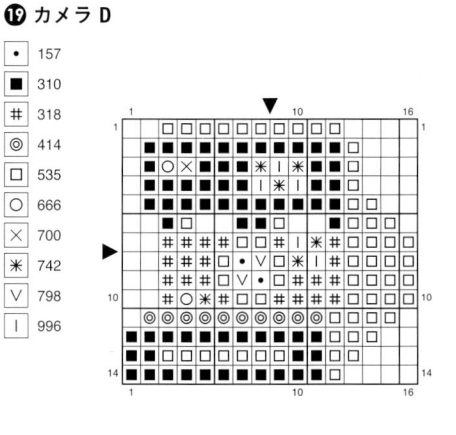

22 手芸屋さん
Handicraft Shop

糸：DMC25番刺しゅう糸／2本取り
布：DMC アイーダ 14ct ／ Blanc（白）

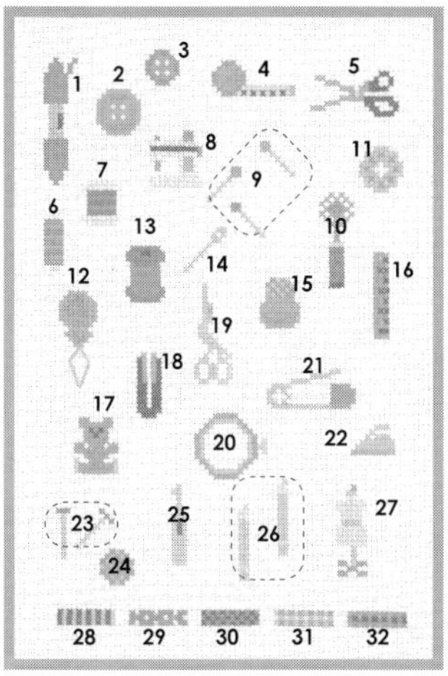

❶ 刺しゅう糸 A
- × 310
- ■ 498
- □ 666
- ○ 3828

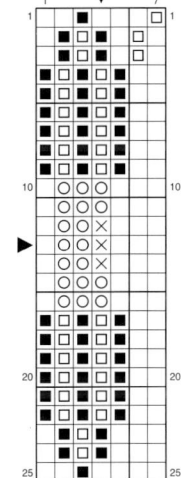

❷ ボタン大
- ＋ 970
- ● 780

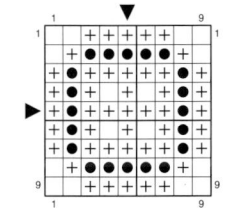

❸ ボタン小
- ○ 3345
- ＃ 700

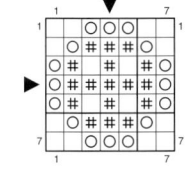

❹ メジャー
- □ 666
- × 310
- ■ 535
- ○ 414
- ／ 742

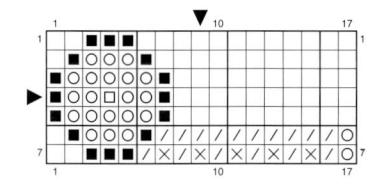

❺ 布切りばさみ
- ■ 310
- □ 414
- ◎ 742

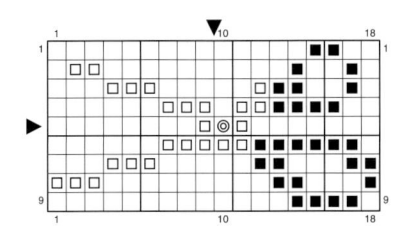

❻ 刺しゅう糸 B
- ＊ 3033
- ○ 3345
- ● 700

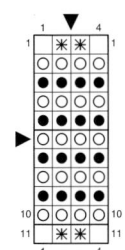

❼ 刺しゅう糸 C
- ＊ 3033
- ・ 803
- ○ 798

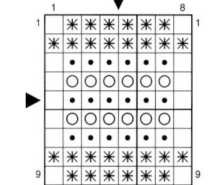

❽ ミシン
- □ 666
- × 310
- ■ 3033
- ▼ 535
- ○ 958

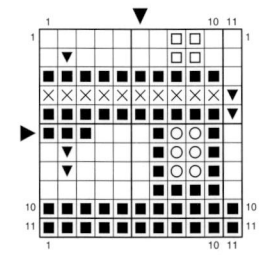

❾ まち針
- × 666
- ■ 318
- ○ 700
- ◇ 798

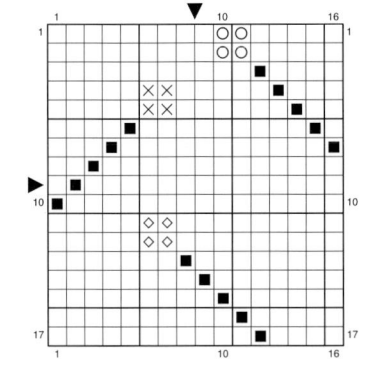

❿ ルレット
- ■ 535
- ◿ 414
- ＊ 310
- ○ 742
- ∥ 300

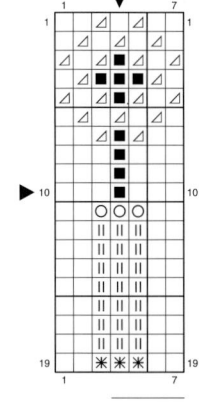

⓫ ボビン
- ● 535
- ○ 318

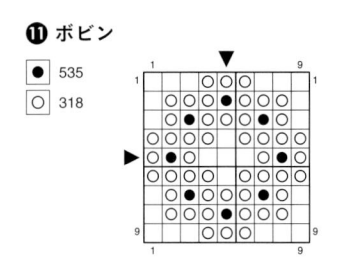

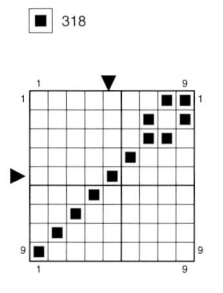

⓬ 糸通し
- ■ 535
- □ 414

Straight Stitch
↳ 318

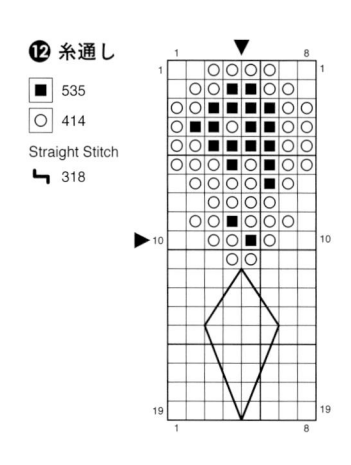

⓭ ミシン糸
- ■ 300
- □ 310
- ○ 498
- × 666

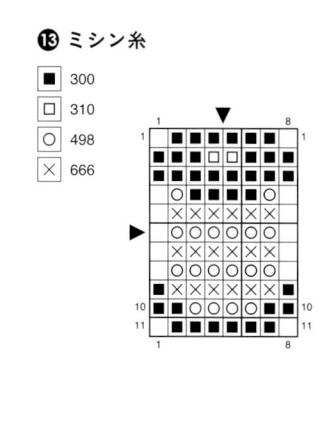

⓮ 針
- ■ 318

⓯ 指ぬき
- □ 318
- ○ 414
- ■ 535

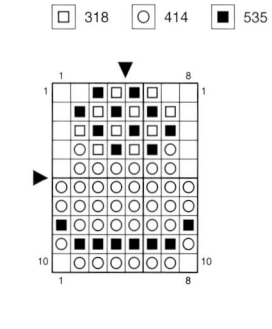

⓰ 定規
- □ 780
- ■ 310

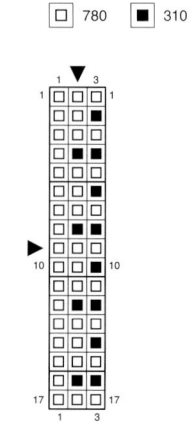

⓱ テディベア
- □ 310
- ■ 666
- × 780
- ○ 3828

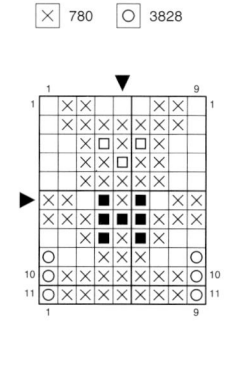

⓲ 糸切りばさみ
- × 310
- ◣ 414

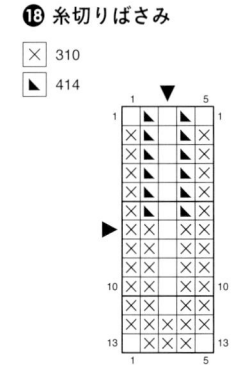

⓳ 刺しゅうばさみ
- □ 3828
- ◆ 535
- ○ 318
- ∥ 3852

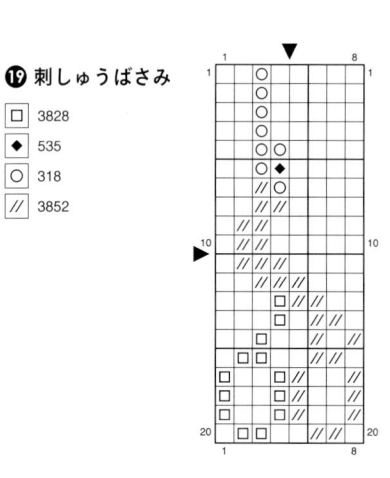

⓴ 刺しゅう枠
- ○ 780
- ■ 3828
- # 3852

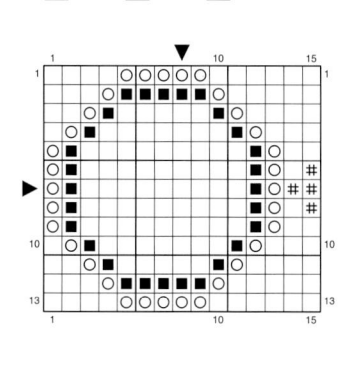

㉑ ピン
- □ 318
- ● 666

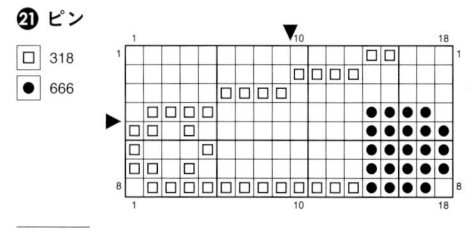

㉒ アイロン
- − 414
- ○ 957
- ■ 318

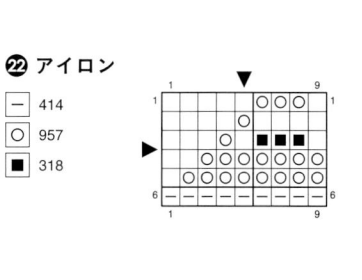

㉓ 棒針

- ■ 300
- ○ 3828

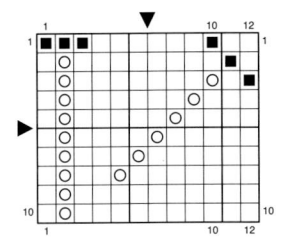

㉔ 毛糸玉

- × 666
- ・ 957

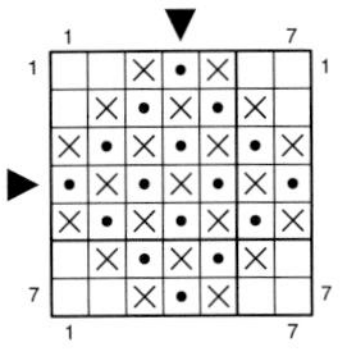

㉕ カギ針

- ■ 310
- □ 3828
- ○ 3852

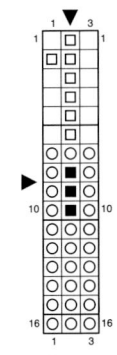

㉖ しるし付けペン

- □ 157
- ○ 676
- # 742
- ● 957

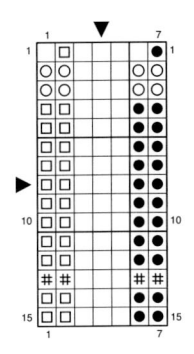

㉗ トルソー

- ● 535
- ○ 676
- V 318

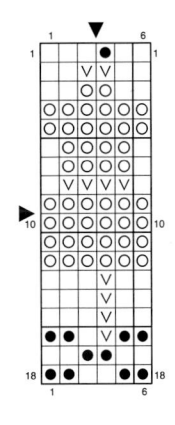

㉘ ストライプリボン

- ✳ 310
- ∣ 957

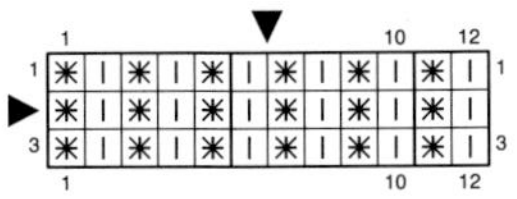

㉙ 水玉リボン

- □ 798
- ● 3033

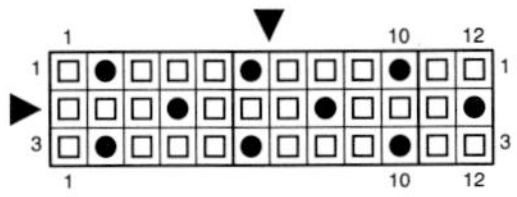

㉚ チェックリボン A

- ✳ 310
- ／ 552

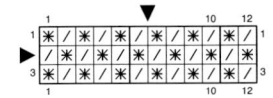

㉛ チェックリボン B

- ● 666
- ∣ 957
- △ 3033

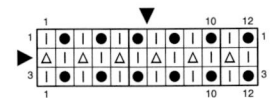

㉜ チェックリボン C

- ✳ 310
- ■ 700
- ○ 3345

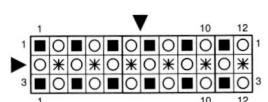

23 工具屋さん
Tool Shop

糸：DMC25 番刺しゅう糸／2 本取り
布：DMC アイーダ 14ct ／ Blanc（白）

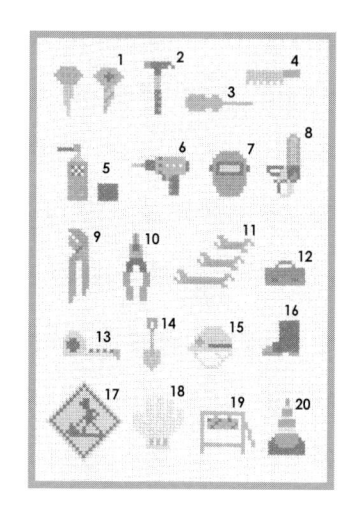

❶ くぎとネジ
- ● 535
- □ 414
- ■ 310
- ○ 318

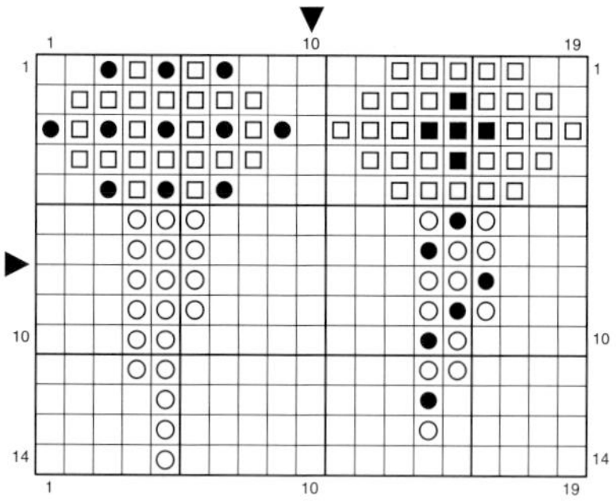

❷ ハンマー
- □ 535
- ■ 310
- × 318

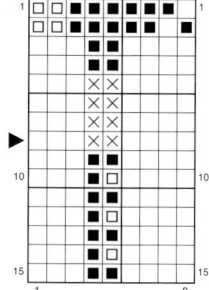

❸ ドライバー
- □ 414
- ○ 906
- ● 700

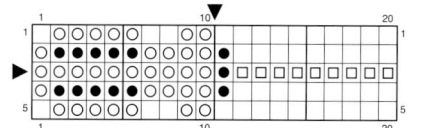

❹ ノコギリ
- × 318
- ■ 666

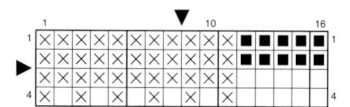

❺ 潤滑剤
- □ 414
- ■ 310
- × 318
- ○ 666
- ・ BLANC

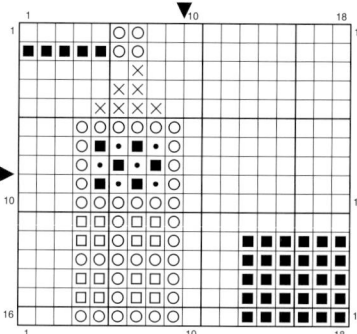

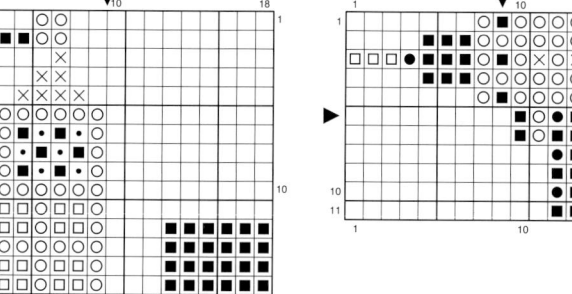

❻ 電気ドリル
- ○ 970
- ■ 310
- □ 318
- ● 535
- × BLANC

❼ 溶接マスク
- □ 310
- ■ 535
- ○ 742

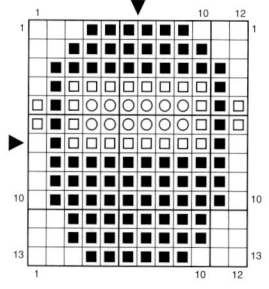

❽ チェーンソー
- ■ 310
- □ 318
- ▲ 414
- － 535
- ○ 742
- ＃ 798

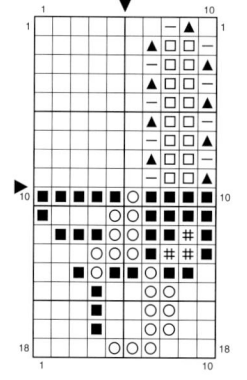

❾ レンチ
- ● 310
- ○ 535
- □ 414
- ■ 666

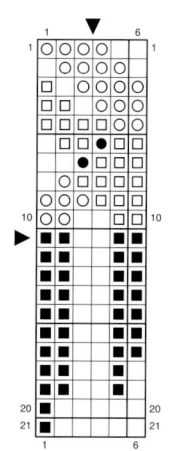

❿ ペンチ
- × 414
- ■ 310
- ○ 666
- Straight Stitch ↳ 310

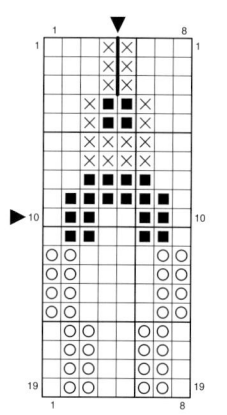

⓫ スパナ
○ 414　● 535

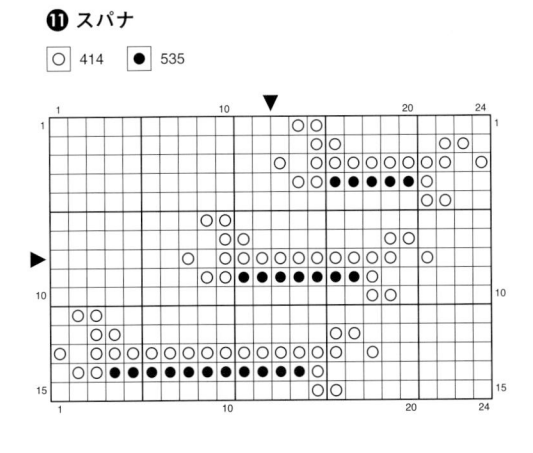

⓬ 工具箱
○ 310　■ 803　□ 798

⓭ メジャー
● 414　■ 310　○ 742　□ 415

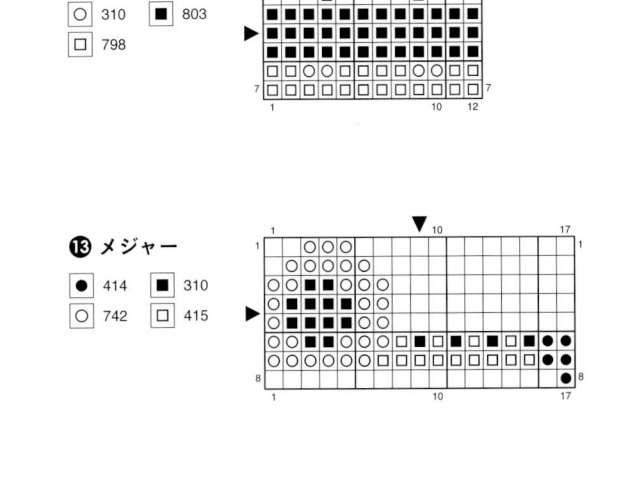

⓮ スコップ
■ 666　□ 3828　✕ 414　○ 318

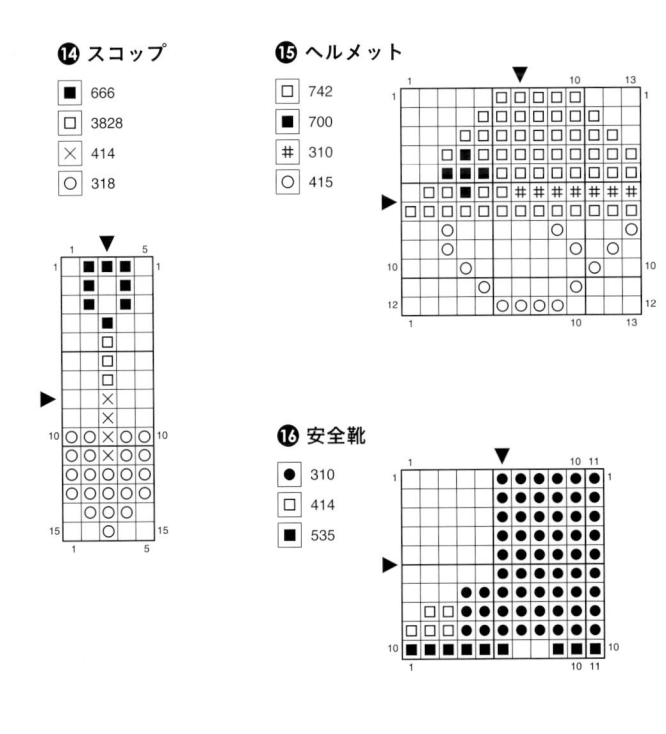

⓯ ヘルメット
□ 742　■ 700　# 310　○ 415

⓰ 安全靴
● 310　□ 414　■ 535

⓱ 標識
■ 310　✕ 742

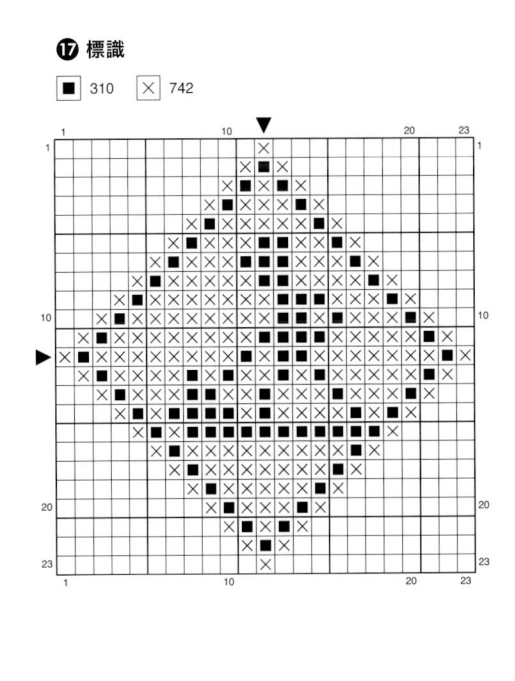

⓲ 軍手
▲ 414　■ 742　○ 3033

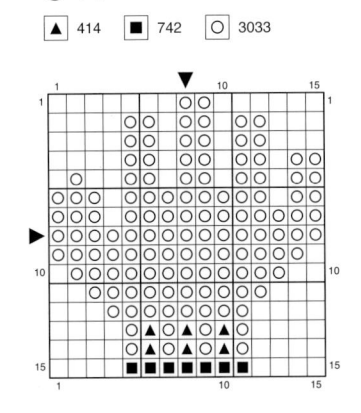

⓳ バリケード看板
● 310　■ 700　□ 970

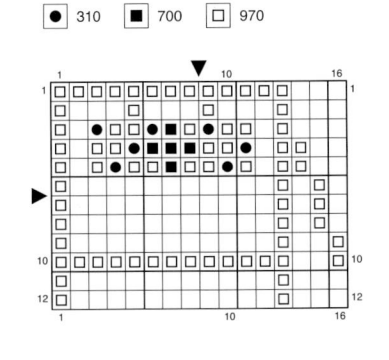

⓴ カラーコーン
○ 666　□ 3033　■ 310

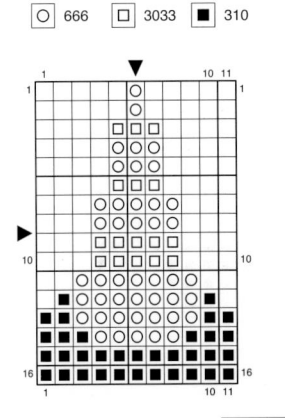

24 ドラッグストア
Drugstore

糸：DMC25 番刺しゅう糸／2 本取り
布：DMC アイーダ 14ct ／ Blanc（白）

❶ ダイエット補助食品
- ● 310
- ■ 318
- · 415
- ✳ 666
- ○ 742
- □ 956

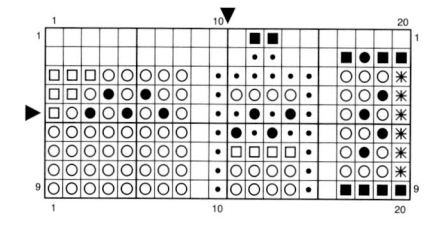

❷ リップクリーム
- ■ 3033
- □ 700

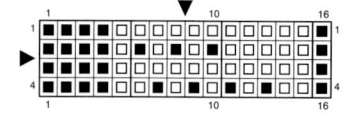

❸ スプレー
- □ 666
- − 742
- × 798
- ■ 3033
- · 157
- # 700

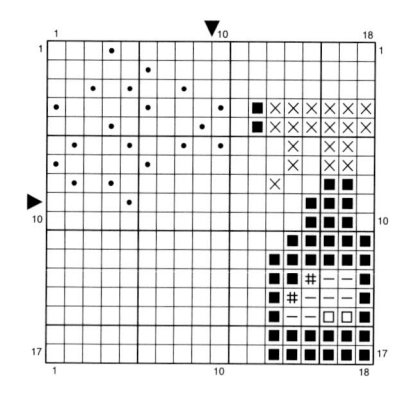

❹ 栄養ドリンク
- ○ 318
- □ 798
- ✳ 666
- ■ 498

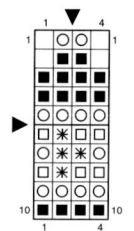

❺ 乳酸飲料
- ■ 318
- ● 666
- □ 3856

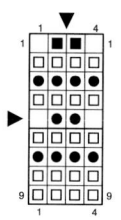

❻ スポンジと洗剤
- ■ 318
- □ 369
- ✳ 666
- # 700
- ● 742
- ○ 798
- + 970
- | BLANC

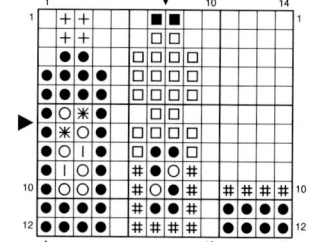

❼ 体温計
- ■ 666
- ○ 157
- V 415
- · BLANC

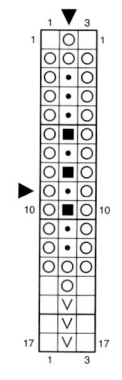

❽ マスク
- ◎ 798
- + 970
- ● 3033
- | 3856

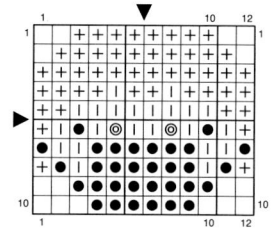

❾ 殺虫剤

- ■ 310
- ✳ 318
- ○ 415
- □ 666
- ◀ 742
- ● 798
- # BLANC

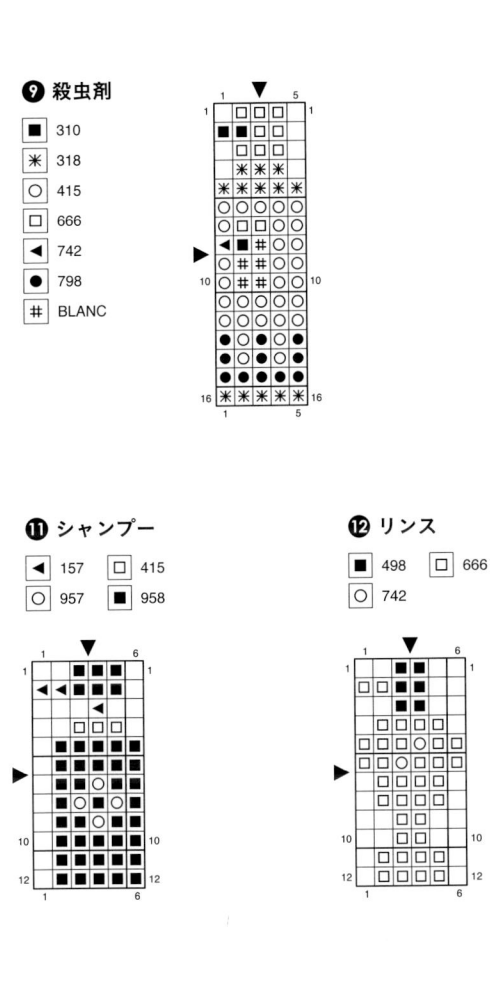

❿ 牛のマークのせっけん

- ○ 310
- ■ 318
- ◇ 742
- · 798
- ◆ BLANC

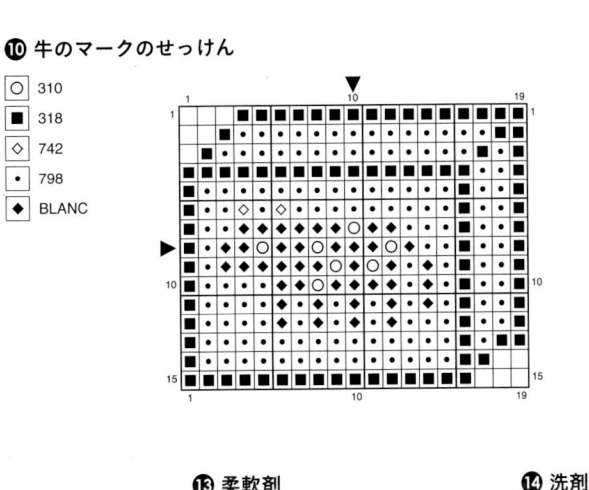

⓫ シャンプー

- ◀ 157
- □ 415
- ○ 957
- ■ 958

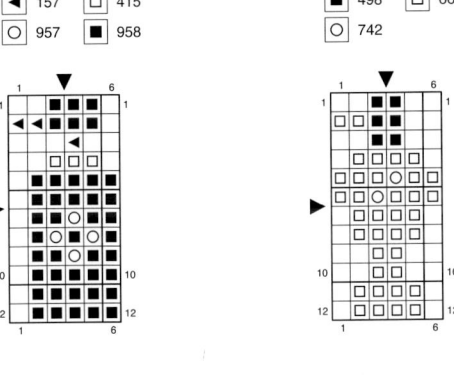

⓬ リンス

- ■ 498
- □ 666
- ○ 742

⓭ 柔軟剤

- ■ 157
- ○ 957
- ● 415
- ‖ 780

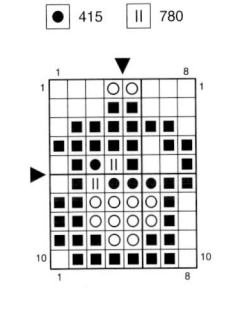

⓮ 洗剤

- ■ 798
- □ 666
- ○ 742
- × 958

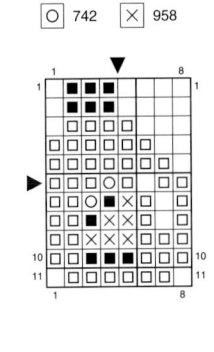

⓯ 歯ブラシ

- □ 415
- ■ 798
- ✳ 3033
- ｜ 700

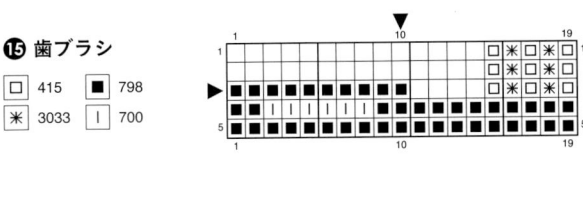

⓰ 歯磨き粉

- E 318
- □ 415
- ■ 798
- × 666

⓱ トラのマークのくすり

- ○ 310
- × 498
- · 666
- ■ 700
- ● 742

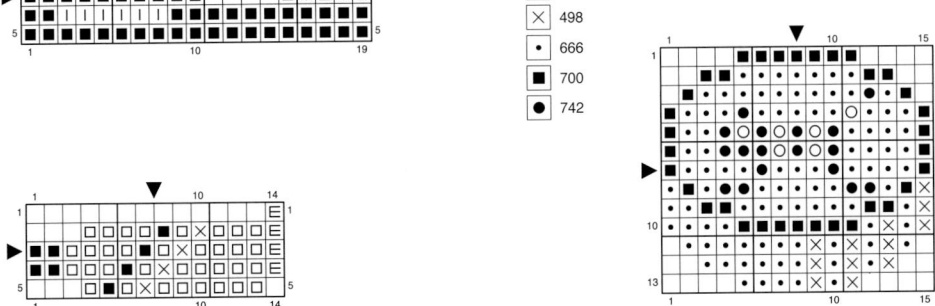

⓲ 消毒液

- ■ 3033
- × 798
- ✳ 666
- ｜ 700

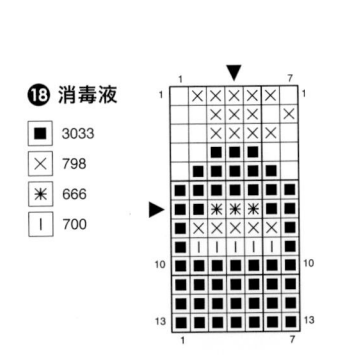

⓳ カプセル

- ■ 666
- ● 798
- ○ 3033

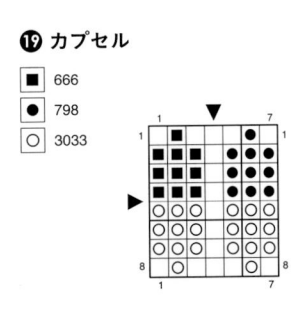

⓴ ばんそうこう

- # 3856
- · 780
- ○ 676

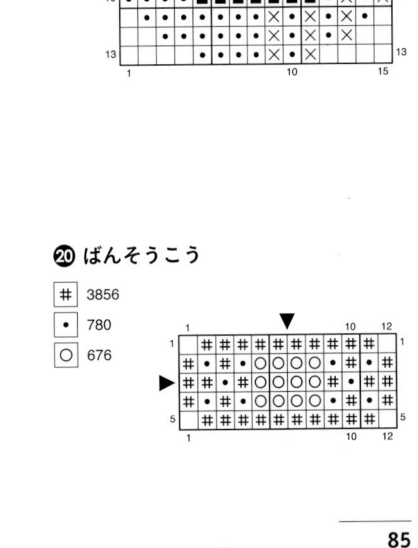

85

㉑ おしゃぶり
- ■ 415
- □ 157
- ○ 957

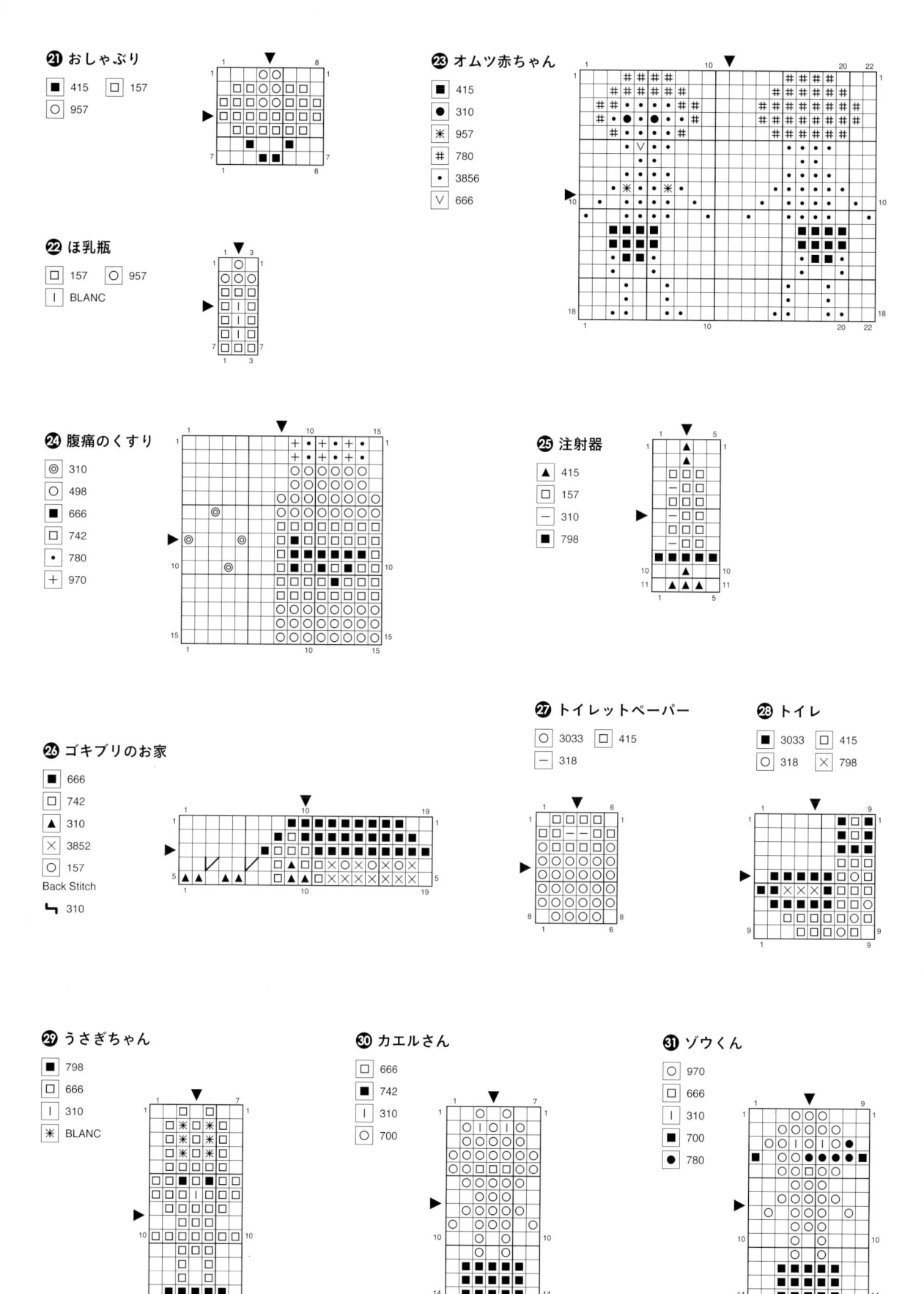

㉒ ほ乳瓶
- □ 157
- ○ 957
- I BLANC

㉓ オムツ赤ちゃん
- ■ 415
- ● 310
- ✳ 957
- # 780
- · 3856
- ∨ 666

㉔ 腹痛のくすり
- ◎ 310
- ○ 498
- ■ 666
- □ 742
- · 780
- + 970

㉕ 注射器
- ▲ 415
- □ 157
- — 310
- ■ 798

㉖ ゴキブリのお家
- ■ 666
- □ 742
- ▲ 310
- ✕ 3852
- ○ 157

Back Stitch
- ↳ 310

㉗ トイレットペーパー
- ○ 3033
- □ 415
- — 318

㉘ トイレ
- ■ 3033
- □ 415
- ○ 318
- ✕ 798

㉙ うさぎちゃん
- ■ 798
- □ 666
- I 310
- ✳ BLANC

㉚ カエルさん
- □ 666
- ■ 742
- I 310
- ○ 700

㉛ ゾウくん
- ○ 970
- □ 666
- I 310
- ■ 700
- ● 780

25 アルファベット
Alphabet

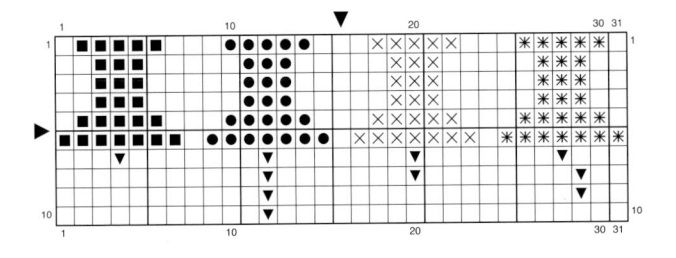

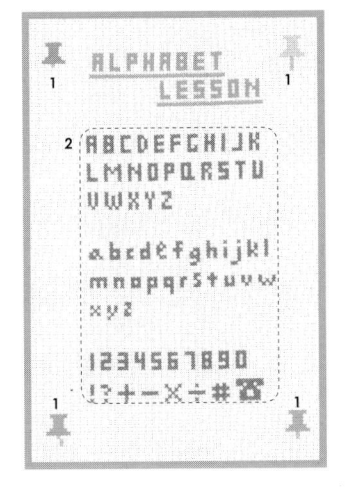

糸：DMC25番刺しゅう糸／2本取り
布：DMCアイーダ 14ct ／ Blanc（白）

❶ 画びょう

▼	318	✳	666
×	700	●	742
■	798		

❷ アルファベット

■ 310

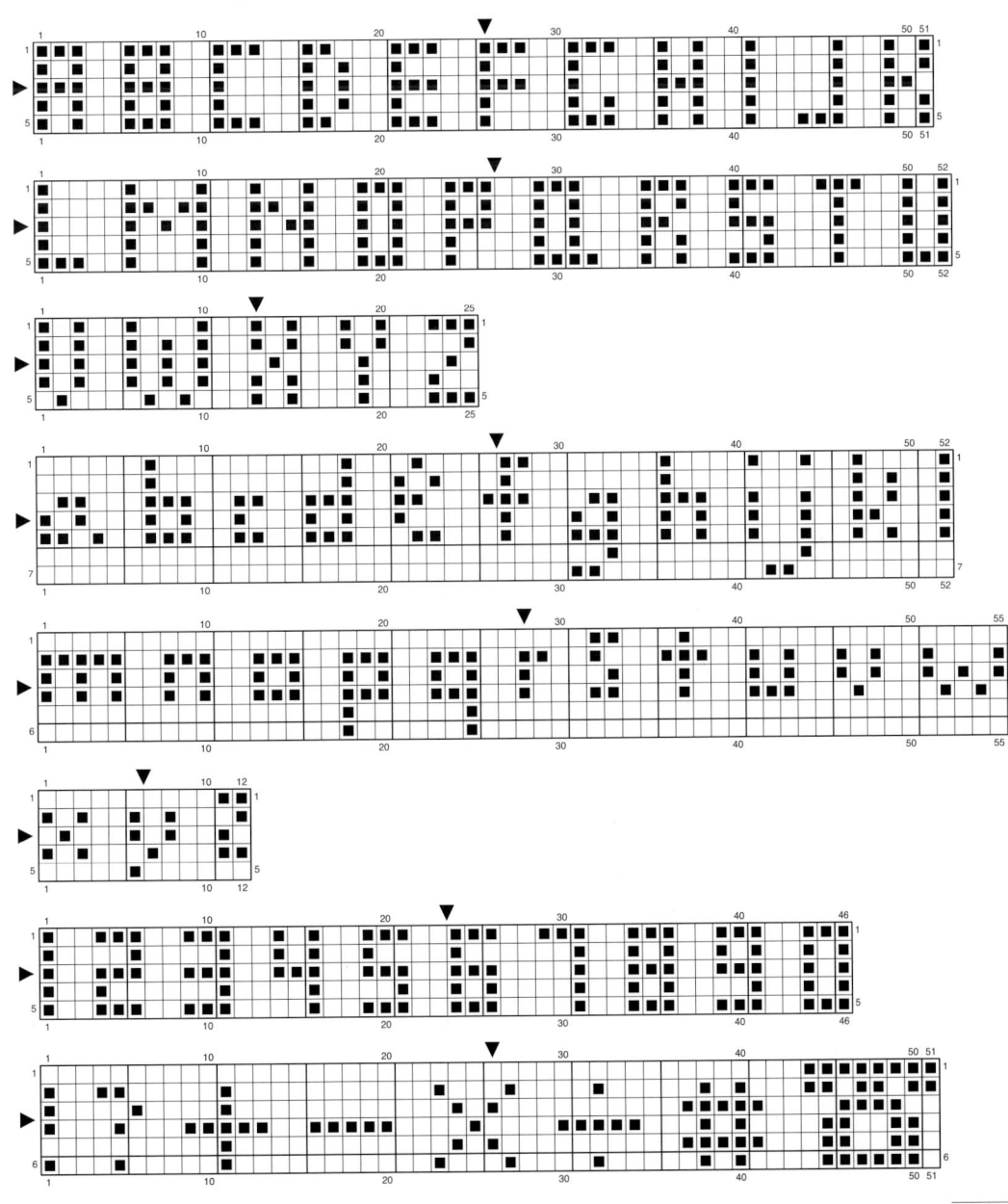

27 ひらがな 1
Hiragana 1

糸：DMC25番刺しゅう糸／2本取り
布：DMCアイーダ14ct／Blanc（白）

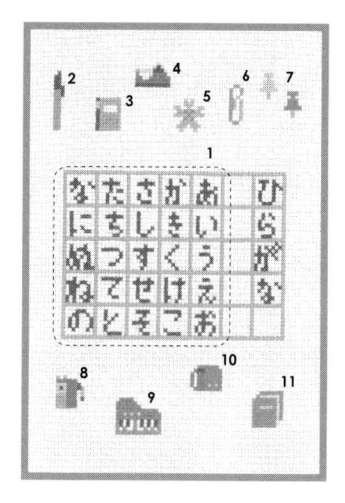

❶ あかさたな

☐ 352　■ 310

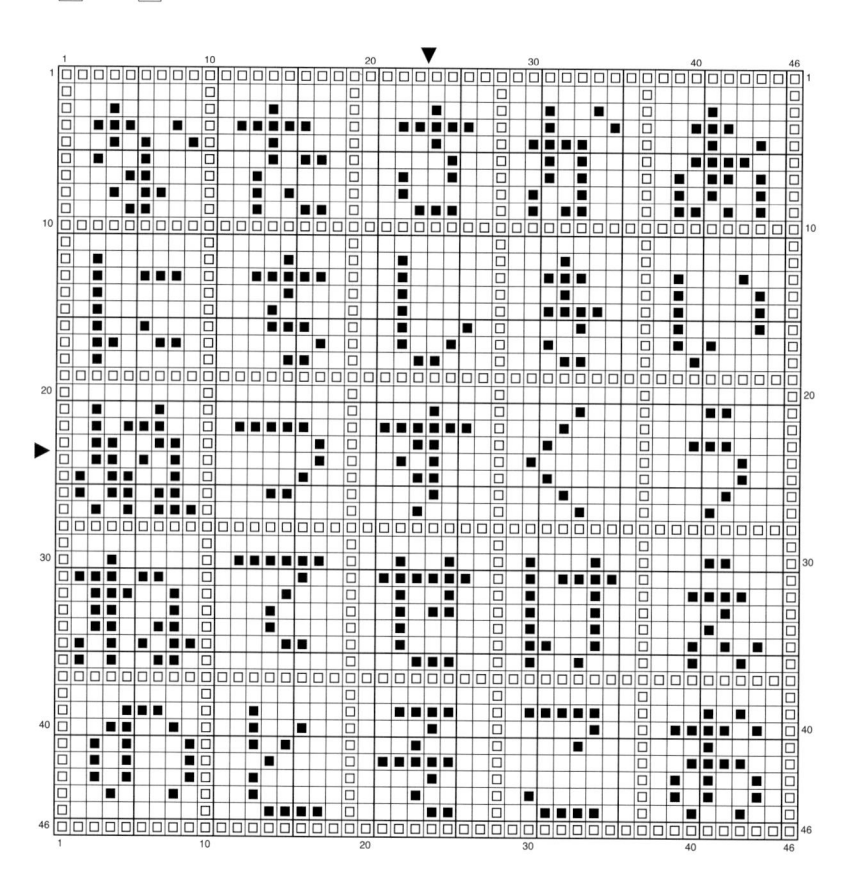

❷ ボールペン
- □ 970
- ● 310

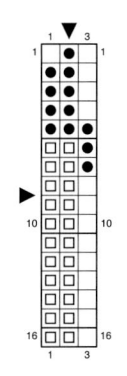

❸ ノート
- ■ 310
- □ 318
- ○ 742
- × BLANC

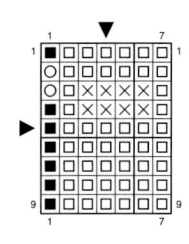

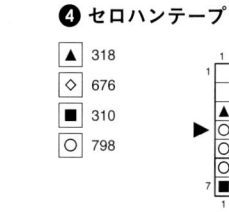

❹ セロハンテープ
- ▲ 318
- ◇ 676
- ■ 310
- ○ 798

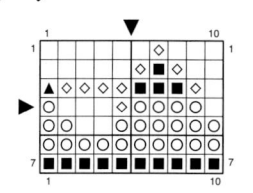

❺ 桜
- ✳ 957
- ○ 780

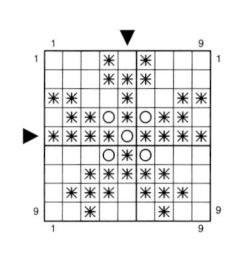

❻ クリップ
- ○ 318
- × 414

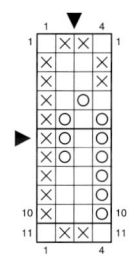

❼ 画びょう
- ○ 742
- □ 666
- ▼ 318

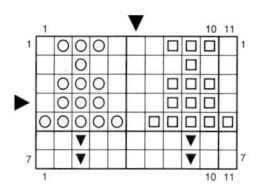

❽ 鉛筆削り
- □ 318
- ■ 798
- ○ 742
- × 310

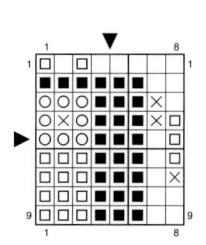

❾ ピアノ
- ● 310
- × 414
- ■ 535
- □ 742
- ○ BLANC

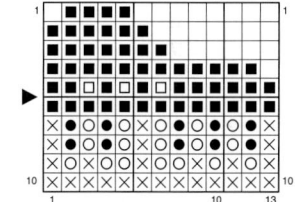

❿ ランドセル
- ■ 310
- − 742
- ● 666
- ○ 498

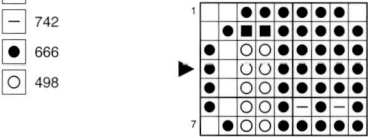

⓫ 本
- □ 742
- ● 700
- | 676

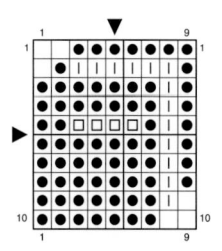

26 ひらがな 2
Hiragana 2

糸：DMC25番刺しゅう糸／2本取り
布：DMC アイーダ14ct ／ Blanc（白）

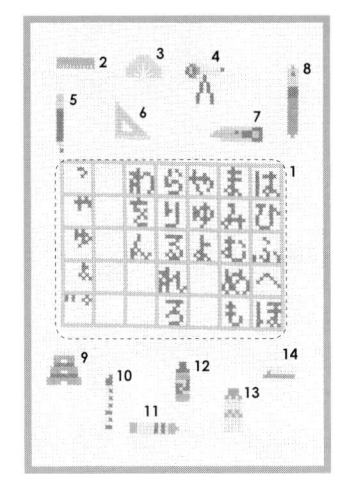

❶ はまやらわ

□ 352　■ 310

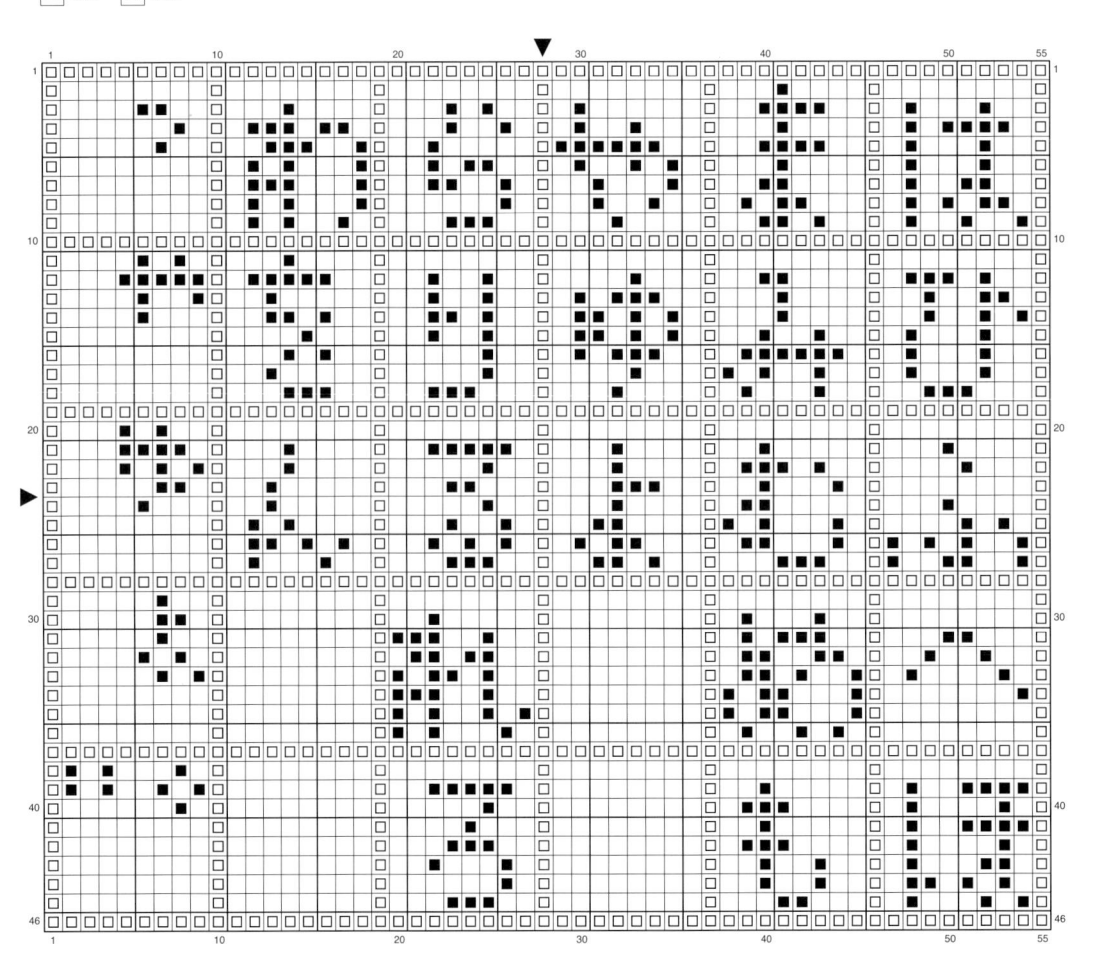

❷ 定規
- ○ 700
- Back Stitch
  ↳ BLANC

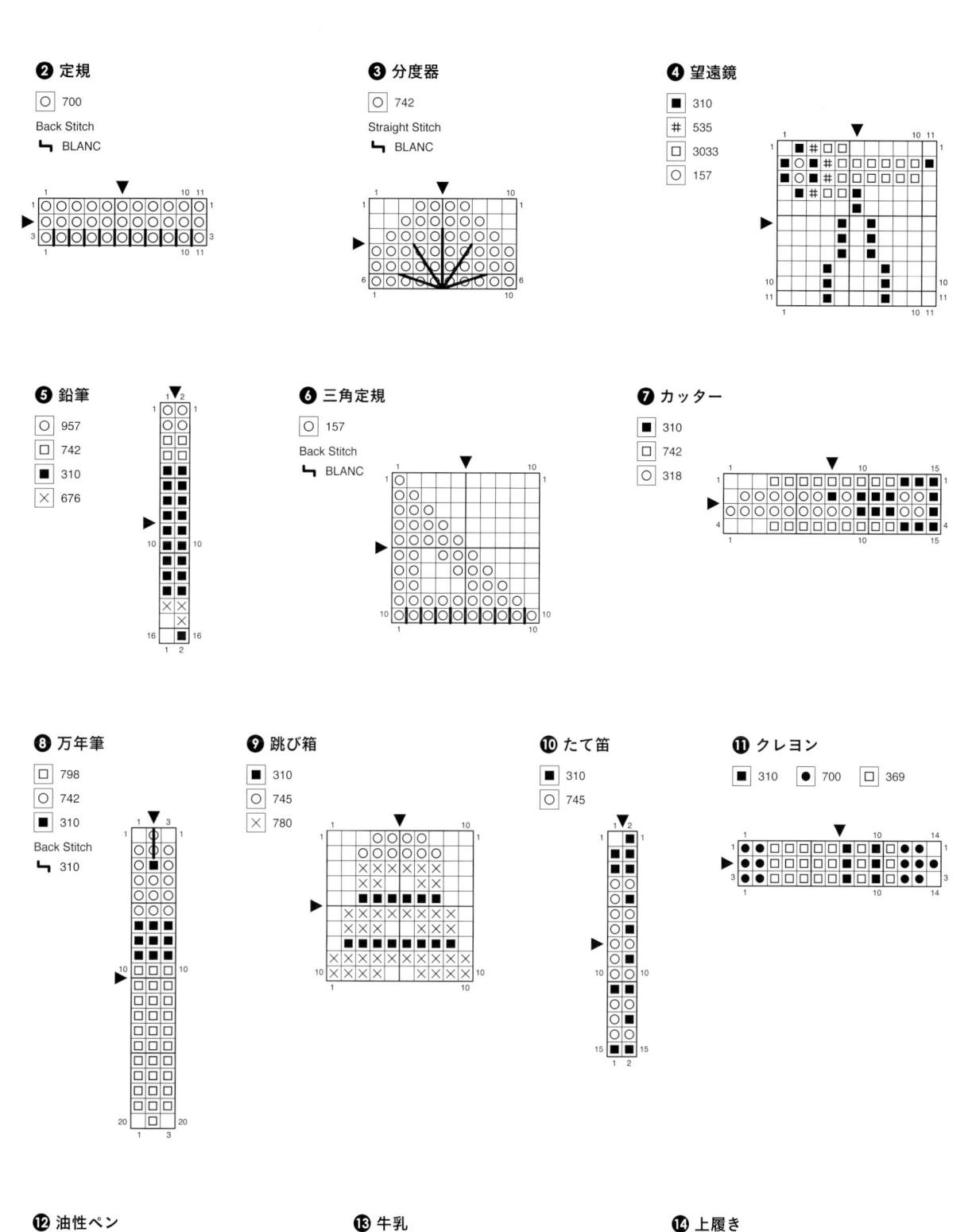

❸ 分度器
- ○ 742
- Straight Stitch
  ↳ BLANC

❹ 望遠鏡
- ■ 310
- # 535
- □ 3033
- ○ 157

❺ 鉛筆
- ○ 957
- □ 742
- ■ 310
- × 676

❻ 三角定規
- ○ 157
- Back Stitch
  ↳ BLANC

❼ カッター
- ■ 310
- □ 742
- ○ 318

❽ 万年筆
- □ 798
- ○ 742
- ■ 310
- Back Stitch
  ↳ 310

❾ 跳び箱
- ■ 310
- ○ 745
- × 780

❿ たて笛
- ■ 310
- ○ 745

⓫ クレヨン
- ■ 310
- ● 700
- □ 369

⓬ 油性ペン
- ■ 310
- □ 414
- ― 666
- × 742

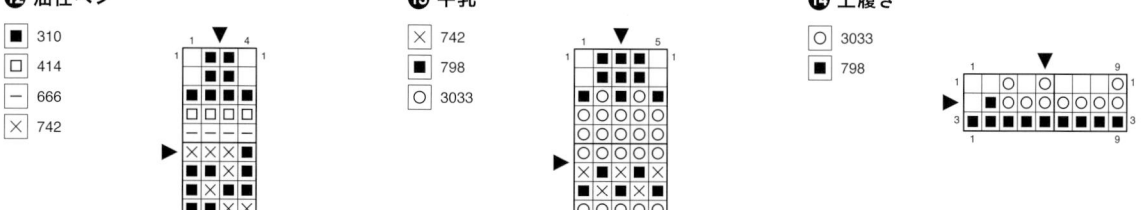

⓭ 牛乳
- × 742
- ■ 798
- ○ 3033

⓮ 上履き
- ○ 3033
- ■ 798

91

29 カタカナ 1
Katakana 1

糸：DMC25番刺しゅう糸／2本取り
布：DMC アイーダ 14ct ／ Blanc（白）

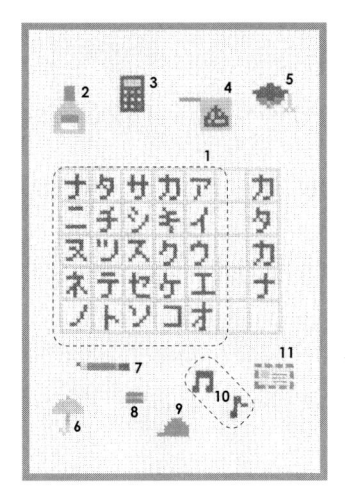

❶ アカサタナ

■ 310　□ 369

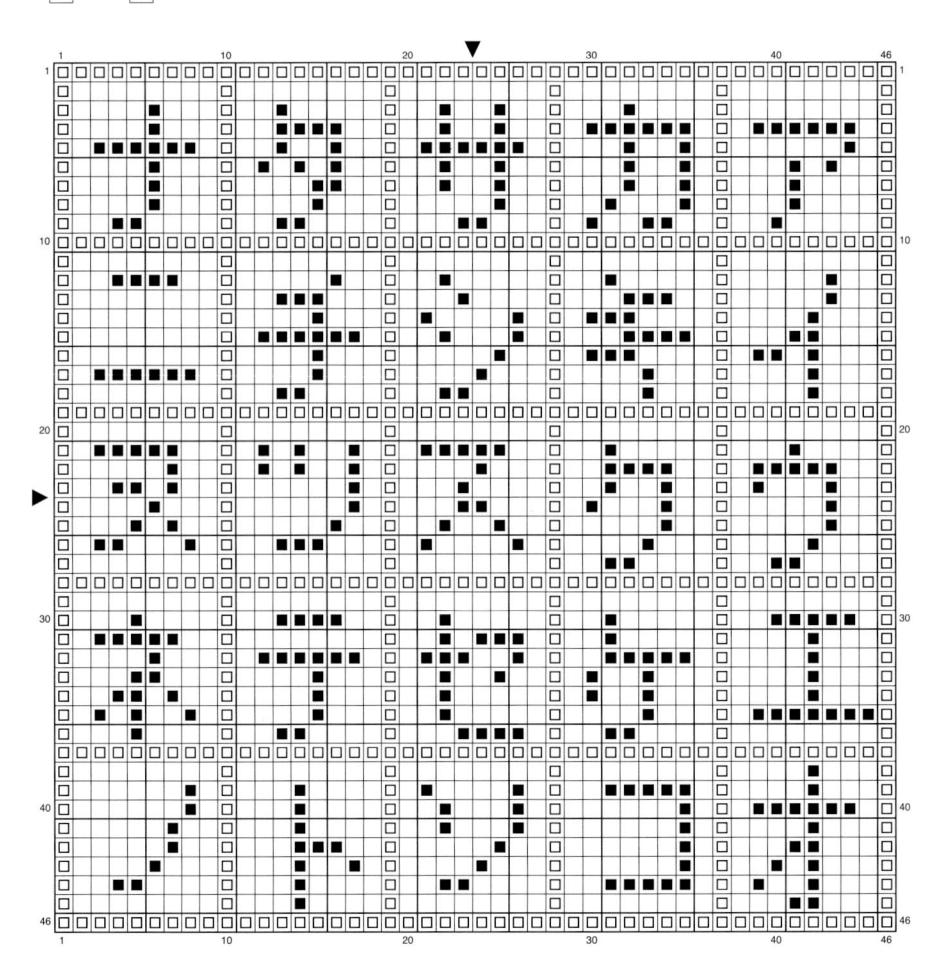

❷ 接着剤
- ■ 666
- □ 742
- ○ BLANC

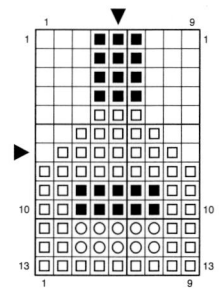

❸ 電卓
- • 369
- ■ 310
- − 742
- ● 798
- □ BLANC

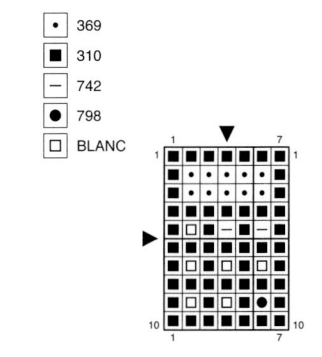

❹ 横断旗
- ● 310
- ○ 742
- ■ 780

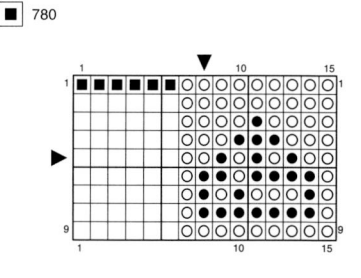

❺ 学帽
- ■ 310
- ○ 742
- × 535

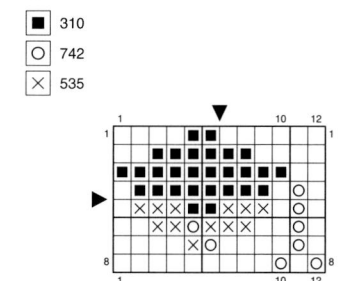

❻ 傘
- □ 742
- ○ 318

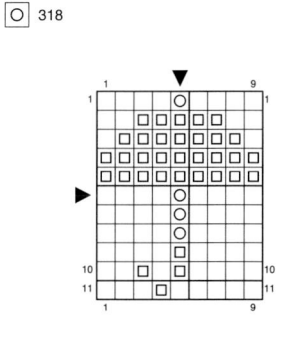

❼ 鉛筆
- □ 310
- ○ 676
- ■ 798
- # 318

❽ 消しゴム
- ■ 798
- # 318
- ○ 745

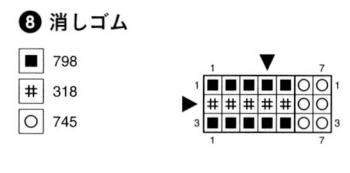

❾ 帽子
- ■ 666

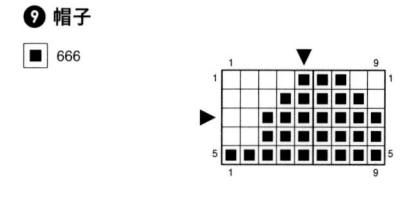

❿ 音符
- ■ 310

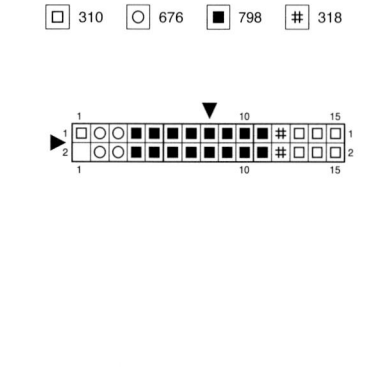

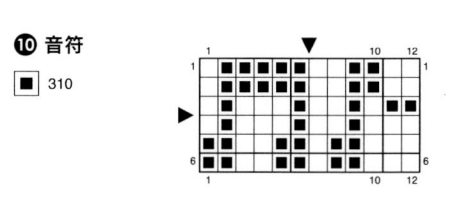

⓫ エアメール
- ■ 666
- ● 742
- • 745
- □ 798

Straight Stitch
↳ 310

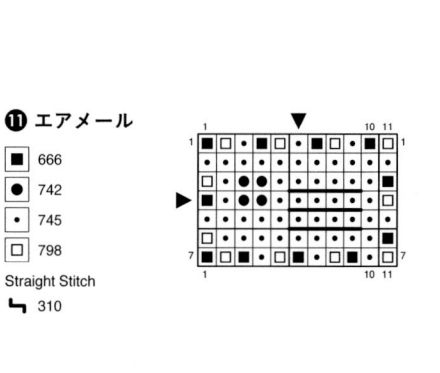

93

28 カタカナ2
Katakana 2

糸：DMC25番刺しゅう糸／2本取り
布：DMC アイーダ14ct／Blanc（白）

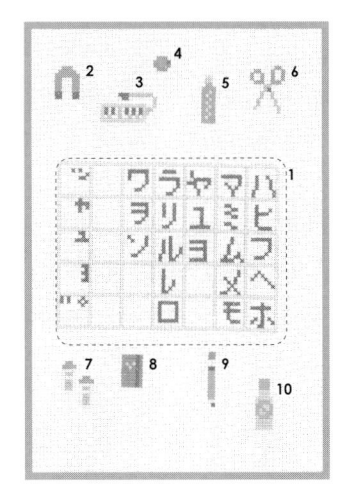

❶ ハマヤラワ

☐ 369　■ 310

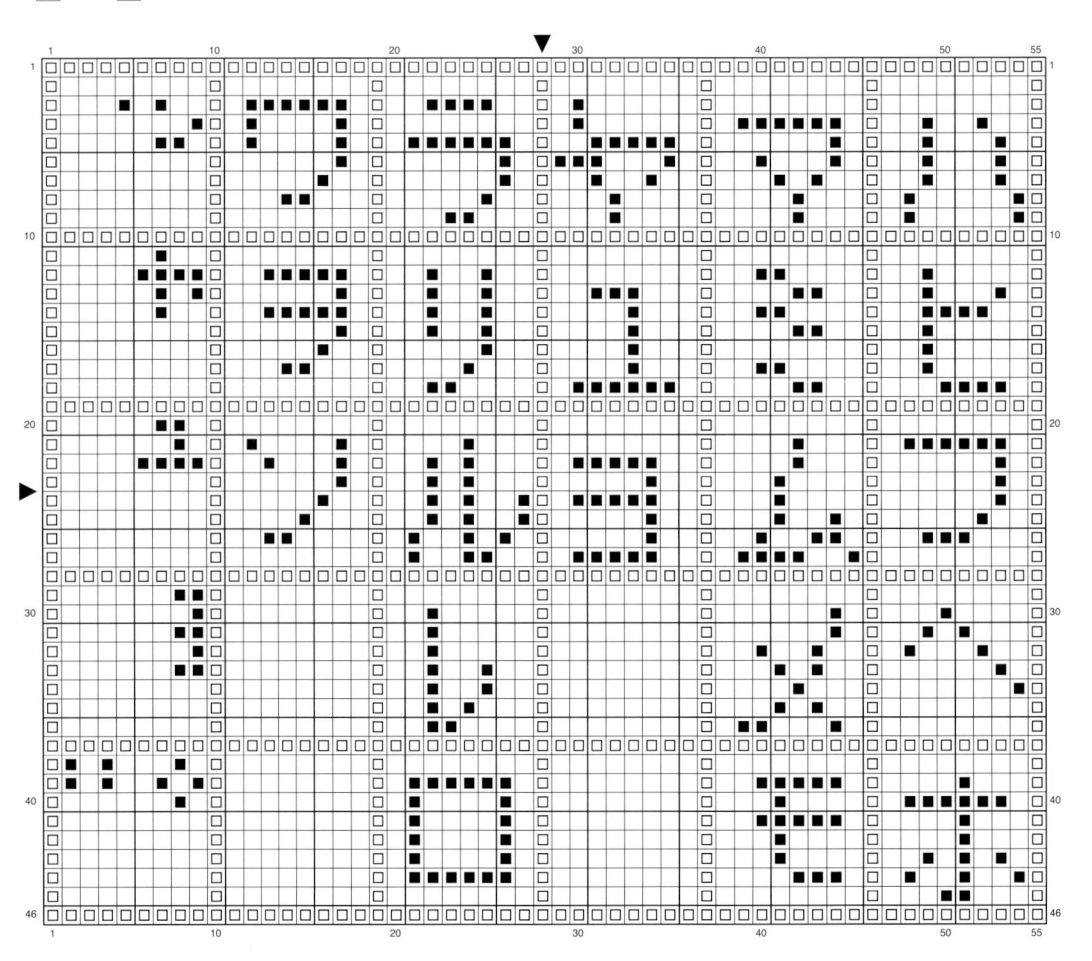

❷ 磁石
- □ 666
- ■ 310

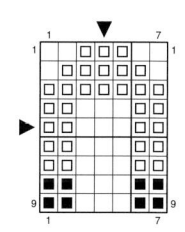

❸ 鍵盤ハーモニカ
- • BLANC
- ■ 310
- ○ 318
- □ 742

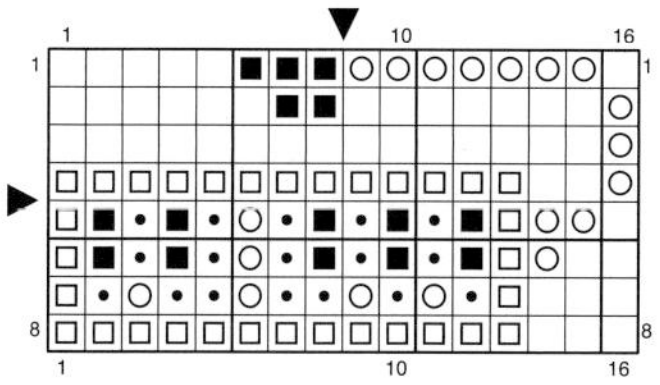

❹ カスタネット
- ● 666
- □ 310
- ○ 798

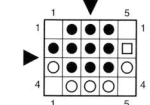

❺ のり A
- | 369
- ■ 700
- ○ 742

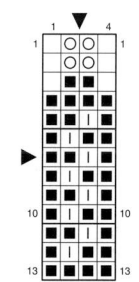

❻ はさみ
- ■ 666
- □ 310
- ○ 318

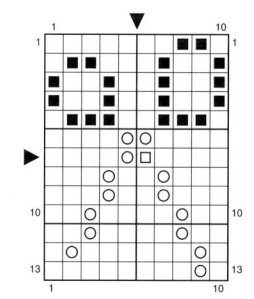

❼ 上履き
- × 318
- ■ 666
- □ 745

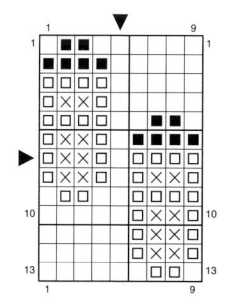

❽ メモ帳
- □ 310
- • 552
- ■ 742

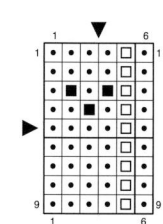

❾ 2色ボールペン
- ● 310
- ○ 666
- □ 745
- ■ 798
- + 970

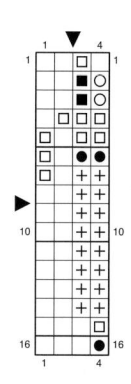

❿ のり B
- ■ 742
- ○ 970

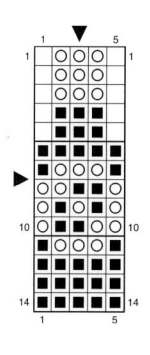

著者略歴

大図まこと（おおず まこと）

大学卒業後、手芸店勤務を経てクロスステッチデザイナーとなる。その大きな体から生み出される作品は、男性ならではのポップなデザインが魅力。女性のフィールドと思われていた手芸界に現れた話題のルーキーは、手芸の枠を越え、カルチャー＆アートシーンからも熱い注目を浴びる。著書に『ぼくのステッチ・ブック』『ホップ・ステッチ・ジャンプ！』（以上、白夜書房）がある。
大図まことのHP　http://www.theminthouse.com

装丁：庄子結香（カレラ）
本文デザイン：庄子結香＋小嶋香織（カレラ）
写真（装丁、P1〜3、30〜32）：わだりか（mobiile,inc.）
題字：阿部伸二（カレラ）

材料提供
▼
ディー・エム・シー株式会社
http://www.dmc.com

制作協力
▼
大和田道
隈倉麻貴子
山城美穂子
高橋奈津江

スペシャルサンクス
▼
小宮山裕介（mobiile,inc.）

小さな刺しゅうの図案がいっぱい！
かわいいクロスステッチBOOK

2010年 6月17日　第1版第1刷発行
2012年11月14日　第1版第5刷発行

著　者　大図まこと
発行者　小林成彦
発行所　株式会社PHP研究所
　　　　東京本部　〒102-8331　千代田区一番町21
　　　　　　　　　書籍第二部　☎03-3239-6227（編集）
　　　　　　　　　普及一部　　☎03-3239-6233（販売）
　　　　京都本部　〒601-8411　京都市南区西九条北ノ内町11
　　　　　　　　　家庭教育普及部　☎075-681-8818（販売）
　　　　PHP INTERFACE　http://www.php.co.jp/
印刷所　共同印刷株式会社
製本所　東京美術紙工協業組合

©Makoto Oozu 2010 Printed in Japan
落丁・乱丁本の場合は弊社制作管理部（☎03-3239-6226）へご連絡ください。
送料弊社負担にてお取り替えいたします。
ISBN978-4-569-77970-6